푸드표현예술치료를 통한 마음여행

행복 너머의 플로리시

임미정 김경화 김옥남 김지윤 박설희 신시옥 심재영 이영옥 조경애 공저

"푸드표현예술과의 만남은 긍정성과 메타인지를 확장한다."

양성원

행복을 꽃피울 푸드표현예술의 힘은 세다

나는 누구인가? 나는 언제 행복한가? 가장 기쁘고 행복했던 때는 언제였는가? 나의 페르소나는? 가장 힘들고 아팠을 때는 언제인가? 어떻게 하면 문제를 해결할 수 있을까? 나의 강점은 무엇인가? 강점으로 나의 삶을 빛나게 할 일은 어떤 것일까?

긍정심리학의 창시자인 펜실바니아대학교 마틴 셀리그만 교수는 '모든 사람은 태어나면서 강점을 가지고 있고, 그 강점을 자신의 삶에 적용할 수 있어야 행복하다.'라고 했다. 이처럼 나를 알아 가기 위한 많은 질문들은 푸드표현상담사 학습과정에서 만든 푸드 작품을 통해 자신과 소통하게 했다.

우리의 일상은 주위 환경의 영향을 받는다. 주어진 직무를 수행하며, 가족을 챙기는 일들은 생각을 복잡하게 한다. 이러한 환경은 진솔한 나를 만나기 어렵게 한다. 푸드표현예술을 접하기 전에는 스스로 나 자신을 알기 위한 질문을 해 본 적이 없다. 질문이 없었으니 진정한 나를 만나지 못하고 지냈음은 자명한 사실이다.

푸드표현예술치료는 푸드 재료를 매체로 오감을 자극하는 조형 활동으로 김민용 · 김지유 박사에 의해 개발되었다. 지금 - 여기에서의 마음을 표현하는 과정을 통해 자기 통찰을 경험하며, 심리 · 정서적인 문제를 자기 스스로 해결해 가도록 돕는 통합적 표현예술치료의 한 장르다. 일상에서 항상 마주하는 음식(food) 재료를 다듬고, 꾸미고, 먹으며, 마음을 표현하며 심리적인 안정감을 가질 수 있도록 돕는다. 오감을 통한 무의식과의 소통과정에서 표현되는 푸드표현예술 작품은 잊고 지내던 자신의 본 모습을 보게 한다. 작품과의 만남은 자기성찰의 시간을 갖게 한다. 이는 스스로 자신의 삶에 대한 행복과 만족을 찾아가도록 돕는 시공간을 초월한 마음여행 과정이기도 하다.

푸드표현예술치료는 지금까지 축을 이어 온 심리학의 기반 아래 특히, 칼 로저스의 인간중심 상담이론과 나탈리 로저스의 인간중심 표현예술치료, 마틴 셀리그만의 긍정심리학이 이론적 기초가 되고 있다. 놀이처럼 진행되는 푸드표현은 정서적인 카타르시스를 경험하며, 자기 치유의 효과와 함께 의욕이 솟게 한다. 이때 흥분 호르몬인 도파민과 행복 호르몬인 세로토닌이 우리의 뇌에서 분비되어 행복감을 갖게 하는데, 이는 뇌과학의 원리를 배경으로 하고 있다(푸드표현 예술치료, 2019).

푸드표현예술을 통해 자기 생각을 말로 표현하는 하브루타식 체험활동을 하게 된다. 푸드 표현 후에는 작품에 제목을 붙이고 작품을 설명하거나 자신의 기분에 대해 짝꿍에게 얘기를 한다. 이후 두세 사람 또는 팀별로 얘기를 나눈다. 이때 긍정적 피드백을 주고받는데 반복된 활동으로 긍정성이 확장되며 메타인지가 향상된다. 참가자들은 푸드표현상담사 자격과정을 함께 공부하면서 기쁨과 즐거움, 슬픔을 함께하며, 꿈과 비전을 세우는 등 시간 가는 줄 모르고 몰입하게 된다.

나탈리 로저스는 푸드표현예술치료는 '화성인에게 오렌지 맛을 설명하는 것'이라고 했다. '직접 경험하지 않으면 쉽게 이해되지 않는다.'라는 말일 것이다. 우리가 체험한 바로는 정말 그랬다. 별것 아닐 것 같았던 푸드라는 매체가 가진 힘은 실로 컸다. 온몸을 흔들어 알아차리게 했으며, 정신을 가다듬게 했다. 별것이 아닌 것이 아니라 생명력으로 의미 있게 다가왔다.

이러한 체험은 한 번도 꺼내지 않았던 마음속 깊은 곳의 언어들을 뱉어 내게 했다. 이 시간은 내가 미처 생각하지 못한 것들에 대한 깨달음을 주었다. 혼자서는 살아갈 수 없는 관계 속의 '나와 너'를 이해하며, '우리'라는 공동체의 중요성을 일깨워 준 선물 같은 시간이었다. 나를 상징한 작품을 만들고 해체할 때는 아쉬움이 남았다. 또한 마음 안에 반짝이는 보석을 발견하게 했다. 그것은 깨달음, 감사, 사랑, 수용, 기

쁨, 긍정, 창의성, 융합, 꿈, 웰빙, 통찰 등이다. 이러한 마음속 보석에 얽힌 이야기들은 금방 훅 하고 날아가 버릴 것만 같았다. 두 손으로 꽉 붙잡아 글로 꽁꽁 엮어 나누고 싶은 마음에 글을 쓰게 되었다.

이 책은 제1장 소중한 나를 위한 행복 찾기, 제2장 일상의 소소한 행복이 웰빙의 삶이다, 제3장 내 안의 긍정을 춤추게 하라, 제4장 나의 강점과 재능을 디자인하라, 제5장 나 너 우리가 함께 성장하는 학습공동체, 제6장 플로리시(flourish)한 삶을 향한 첫걸음으로 구성되었다.

코로나19 침투로 우리의 일상이 일그러진 지 오래다. 어둡고 침울한 회색빛 터널을 걷고 있다. 마스크로 완전히 무장한 채 '푸드'와 만났다. 휴일을 반납하며 긍정 정서와 함께했다. 삶에 변화를 가져온 시간은 즐겁고 행복했다. 부끄럽지만 용기를 내어 글을 쓰게 했다. 이 글들은 긍정성을 확장할 것이다. 이로써 경험하지 못한 분들에게도 우리가 덤으로 얻은 기쁨과 소소한 행복이 전해지리라 믿는다. 이 글이 삶의 향기가 되어 한 사람이라도 행복해진다면 더할 나위가 없겠다.

랄프 왈도 에머슨의 남긴 「성공이란 무엇인가」의 통찰 중 '세상을 조금이라도 살기 좋은 곳으로 만들어 놓고 떠나는 것, 자신이 한때 이곳에서 살았음으로 해서 단 한 사람의 인생이라도 행복해지는 것'이라는 시구절이 떠오르는 아침이다.

2021년 11월

저자 대표 임 미 정

추천사

한 사람으로 태어나 자기 자신으로 자기답게 살아가는 것은 지극히 당연한 일이다. 그러나 막상 우리의 삶을 보면 그렇지 못한 경우가 너무 많다. 아니 나답게 산다는 것이 참으로 힘들다는 것을 뼈저리게 느낀다.

융의 '자기개성화'나 칼 로저스의 '자기실현경향성'을 굳이 이야기하지 않더라도 우리는 우리 자신으로 살고 싶다. 오랜 시간 주어진 환경에 적응하며 살아 내면서 만들어진 에고의 갑옷을 이제는 내려놓고 살아도 되건만 우리는 그 무거운 짐을 짊어지고 살아간다.

삶이 너무 무겁다!

푸드표현예술치료는 맛있고 즐거운 경험을 통해 자신의 무거운 짐들을 하나하나 바라보고 벗어 버릴 수 있게 돕는다.

가장 소중하고 아름다운 '참 나'를 만나러 가는 길에 푸드표현예술치료는 마음이 통하는 동반자로, 지치지 않도록 응원하는 친구로, 자신조차도 모르는 자신에 대해 보여 주고 알려 주는 스승으로, 그리고 일상에서의 자신을 치유하는 힐링 보약으로 우리를 건강하게 한다.

이 책의 공동 저자들은 임미정 원장의 건강한 사회에 기여하는 학습공동체 지향에 마음을 모은 아름다운 심성의 분들로 소중한 자신의 내면을 개방함으로써 많은 사람들에게 자기치유의 좋은 사례를 보여 주고 있다.

자신의 성장과 발전을 위해 끊임없이 공부하고 자기성찰을 하시는 분들로 그들의 아름다운 족적은 세상을 사랑과 행복의 향기로 채워 갈 것이다.

자신을 알고 이해하며, 사람들과 좋은 관계를 유지하고 싶은 분, 내적 성장과 발전을 통해 자신의 삶을 알차게 영위하고 싶은 분, 그리고 다른 사람들의 삶에 좋은 영향력을 발휘하고 싶은 상담자, 치료자, 코치, 교사, 촉진자 등 인간의 성장과 발전에 관심이 있는 모든 분에게 매우 효과적이면서도 꼭 필요한 책이라 확신한다.

한국푸드표현예술치료협회 회장 김 민 용

차례

chapter 03 내 안의 긍정을 춤추게 하라 / 79

chapter 04 나의 강점과 재능을 디자인하라 / 117

chapter 05 나 너 우리가 함께 성장하는 학습공동체 / 145

chapter 06 플로리시(flourish)한 삶을 향한 첫걸음 / 175

chapter

01

소중한 나를 위한 행복 찾기

인생 여정을 살아가는 동안 고귀한 나는 자신을 돌보지 않거나 잃어버리고 지내다 삶의 균형이 깨지기도 한다. 나는 나다! 나의 몸과 마음, 정신건강과 행복은 빛나는 보석과 같아 소중하게 다뤄야 한다.

돌이 없지만 난 행복해

박설희

〈난 네가 참 좋아〉

푸드표현상담사과정이 진행 중이다. 앞치마와 큰 그릇을 준비해서 수업에 참여하라는 메시지를 받았다. 오늘 점심은 수제비라고 한다. 수제비를 비롯한 밀가루를 이용해 만들어진 음식은 대부분의 사람들이 좋아하는 메뉴가 아닐까 하고 생각한다.

나는 밀가루 음식 중 제일 좋아하는 메뉴가 해물수제비이다. 내가 좋아한다고 해서 우리 가족 모두가 좋아하는 건 아니다.

에피소드 하나가 불현듯 머릿속에 떠오른다. 정성스럽게 해물수제비를 끓였다. 아이들이 어릴 적, 유치원에 다니고 있던 작은아이가 6살 무렵 여름이었다. 더운 여름이었지만 가족들 특히나 사랑하는 나의 남편을 위해 요리할 수제비 반죽을 하기 시작하였다. 하얀 밀가루를 큰 그릇에 부어 손으로 조물조물 차지게 반죽을 한 다음 차가운 냉장고에 넣었다. 발효를 시킨 다음 해물을 넣어 육수를 끓이기 시작하였다. 더운 날

씨로 인해 얼굴에서 비 오듯 땀방울이 떨어졌다. 수건으로 닦아 가며 힘들었지만 신나게 만들었다. 행복하게 먹을 가족들을 생각하며 요리하던 기억이 되살아난다. 그러나 밀가루 음식 중 특히 수제비가 제일 싫다 하며 먹지 않았던 남편이 생각나 지금도 서운한 감정이 되살아난다. 그 이후로 우리 집에서는 수제비를 잘 해 먹지 않았다. 정말 결혼한 지 25년이 지났지만 손에 꼽을 듯하다.

'나 자신이 좋아한다고 해서 다 좋아하는 건 아니다.'라는 걸 깨달았다고나 할까? 마찬가지로 이번 푸드표현예술 1급 과정을 준비하시는 분들 중에도 수제비를 싫어하시는 분들이 아마 한두 명이 있었으리라 짐작된다. 하지만 그 시간만큼은 모두 맛있게 먹었다. 왜냐하면 우리가 밀가루란 푸드 매체를 이용해 자신의 몸에 대한 고마움을 표현하며 나를 사랑하는 마음을 가질 수 있게 해 주었기 때문에 그런지 그 소중함으로 우리가 만든 수제비를 더 맛나게 먹을 수 있었던 것 같다. 이 기회를 통해 남편과 함께 푸드 매체인 밀가루를 이용해 작품을 만들어 보고 맛있게 수제비까지 요리해서 먹어본다면 아마 달라진 남편의 모습을 볼 수 있으리라 짐작된다.

밀가루에 색을 입히기 시작했다. 천연 푸드 음식 재료인 초록색의 깻잎, 노란색의 강황, 핑크빛의 비트, 당근의 주황, 보랏빛 양배추의 재료로 각자 마음에 드는 천연색을 밀가루와 함께 섞은 후 반죽에 옷을 입히기 시작하였다. 내가 선택한 천연색은 나다움의 이미지인 보라색을 선택하였다. 예쁘게 물들이며 행복하게 만들기 시작했다. 그 보랏빛이 '너는 너야' 하며 말을 거는 듯하였다. 다섯 가지 색을 입힌 밀가루 반죽을 가지고 이제는 나의 몸에 대한 고마움을 표현하기 시작하였다.

난 두 번의 암수술을 하였다. 위암과 갑상선암이다. 위암을 먼저 발견한 날 그때가 생각나 그 순간으로 이동을 한 듯 생각에 빠졌다. '설마', '왜', '나야', '이 소식을 가족에게 어떻게 알리지?' 고민에 빠졌던 기억이 아직도 생생하다. 그러나 나의 몸에서 '괜찮아, 두 개가 없더라도 우리는 널 잘 지켜 낼 수 있단다'라고 속삭이는 말을 들었다. '그래 맞아 넌 건강하게 인생을 멋지게 잘 살 수 있을 거야' 하며 두 번의 사랑의 메시지를 들었다.

〈아름다운 인생〉

사람이 큰일을 겪으면 성장한다는 이야기를 한 번쯤 들어 보았을 것이다.

나 자신이 삶의 자극을 받기 위해서 구입한 책에서 그랬다. "삶이 아름답다고 느끼는 순간 아름다운 모든 것은 당신을 향하고 당신은 훌륭하고 아름다운 인생을 살 수 있을 것이다"라는 내용이다. 자신감을 가지고 언제나 긍정 마인드로 살아가면 아름다운 인생이 눈앞에 펼쳐질 거다.

'설희야! 넌 할 수 있어'

우리 모두는 살아가면서 큰일을 몇 번 경험한다. 아무리 어렵고 좋지 않은 일이라도 긍정 마인드로 삶을 헤쳐 나간다면 아름다운 자신의 삶을 살아갈 수 있는 용기가 생길 것이라고 확신한다. 푸드로 나의 마음을 표현한다는 자체가 바로 '나만을 위한 힐링의 시간이 아닐까'하고 느낀다.

"난 둘이 없지만 진짜 행복해!"

오늘 나에게 푸드표현예술은 '**행복**'이다.

나의 행복 나무

신시옥

주말이면 손주가 보고 싶어 달려간다. 누워서 옹알이하던 아기가 어느새 22개월이 되어 단어로 말을 하고 음악에 맞춰 춤도 춘다. 활짝 웃으며 '꾸벅' 인사를 하고 안길 때면 손주 바보가 되고 만다. 문득 아들을 낳았을 때가 생각난다. 결혼하고 3번의 자연유산 끝에 어렵게 얻은 아들인지라 출산 후 세상을 다 얻은 기분을 느꼈던 것이 지금도 생생하다. 그 아들이 어느새 결혼하여 손주를 안겨 주었으니 세월이 참 빠르다. 이순의 나이가 되어 살아온 세월을 되돌아보니 희로애락의 사건들이 어우러져 살아온 삶이었다.

7개월 전 지인의 권유로 푸드표현상담사과정을 공부하게 되었다. 음식 재료를 매체로 마음을 표현하는 과정을 통해 나를 통찰하는 셀프 테라피(self-therapy)를 경험했다. 긍정심리를 통해 웰빙의 삶을 영위하고 궁극적으로 플로리시(행복의 만개한 상태)한 삶을 추구하는 것이 목표임을 알게 되었다. 새롭게 다가온 푸드표현예술치료를 도구로 플로리시한 삶을 향해 한 걸음씩 나아가려 한다. 행복 나무에 열린 행복했던 순간들을 열매로 초록 오이와 주황 밀감을 이용하여 표현해 보았다.

〈나의 행복나무〉

나는 충청도 시골 마을에서 육 남매의 넷째로 태어났다. 자연 속에서 자유롭게 보낸 유년기는 지금도 아름답게 채색되어 꿈속에서 가끔 나온다. 큰오빠가 계시던 부산으로 내려와 고등학교에 다니며 4명의 조카와 아옹다옹 지낸 날들도 행복한 추억이다. 대기업 경리부에서 근무할 때 남편이 신입사원으로 들어와 나를 보고 첫눈에 반해 프러포즈해서 비밀 연애를 하다가 결혼에 골인했다. 아들과 딸을 낳아 육아에 전념하던 시절은 가장 소중한 추억이다. 맏며느리로 시부모님의 사랑을 듬뿍 받았기에 암으로 투병하실 때 병수발을 직접 하여 천국으로 보내드린 시간도 그때는 힘들었지만, 지금은 잘했다는 자부심이 든다. 여상을 졸업하여 대학에 대한 미련이 남아 있어 40 즈음에 만학도가 되어 공부하고 시립어린이집 교사로 시작하여 어린이집 원장까지 되었다. 인격의 기초가 형성되는 가장 중요한 시기인 영아기의 아이들과 매일 하하! 호호! 웃고 지내는 시간이 마냥 행복하다. "엄마 항상 건강 챙기면서 일하세요." 잔소리하는 간호사 딸이 있어 너무 좋다. 새 가정을 꾸린 아들과 며느리도 든든하고, 귀한 선물 손주를 받은 것도 가장 탐스러운 열매이다. 2주 전 사랑하는 남편의 9주기 추모 예배를 드렸다. 가족들을 뜨겁게 사랑하고 가장으로서 성실하게 살다가 천국에 먼저 간 남편에 대한 애틋함도 세월이 약이라고 점점 옅어지니 감사하다. 내 옆에 있는 동기간, 친구, 교우, 동료, 이웃들과의 원만한 인간관계도 행복감을 주는 값진 열매이다.

이렇게 행복한 순간을 떠올려 보니 힘들었던 순간들도 의미 있게 기억되고 내 안에 긍정 정서가 채워져 행복 나무에 열매가 풍성하다.

100세가 넘은 김형석 교수님은 『백 년을 살아보니』에서 인생의 황금기는 60세~75

세라고 했다.

제2의 인생을 시작하며 마음 가득 감사를 채운다.

'긍정의 힘은 삶의 가능성을 키운다. 감사하는 태도는 정말로 우리에게 선물을 안겨 준다. 우리는 물론 주변 사람들 모두를 행복하게 해 준다. 우리는 감사하는 태도를 통해 더욱 사려 깊은 사람으로 거듭나게 된다. 사람들과의 관계에 대해 깊이 생각하는 습관이 그 같은 변화를 이끌어 내는 것이다.'

- 데보라 노빌의 『감사의 힘』 중에서

지금을 감사하며 이웃과 더불어 살아가는 플로리시한 삶을 향하여 출발.

오늘 나에게 푸드표현예술은 '**열매**'이다.

이렇게 행복한 나

김지윤

오늘도 나는 좋아하는 푸드 매체를 통해 행복했던 추억으로 여행을 떠난다. 지금까지 살아오면서 가장 행복한 순간을 표현해 보았다. 누구나 이러한 추억은 많이 있을 것이다. 나에게 지금까지 살아오면서 가장 행복했던 순간은 언제였을까?

몇 달 전 우리 가족은 새집으로 보금자리를 옮기면서 물건들을 다시 정리하다가 오래된 앨범들을 발견하였다. 예전에는 사진을 인화해서 앨범에 보관하였는데 요즘에는 컴퓨터에 저장해서 보거나 SNS를 이용하다 보니 앨범을 잘 만들지 않는다.

잠시 하던 일을 멈추고 가족들과 옹기종기 식탁에 둘러앉아 앨범을 보게 되었다. 우리 가족의 역사가 담긴 사진을 넘겨 볼 때마다 그때의 즐거웠던 추억들이 새록새록 다시 떠올라 입가에 미소를 머금었다. 그중에서 결혼사진이 눈에 들어왔다. 이십 대의 풋풋한 우리는 지금의 아들딸 모습으로 남아 있는 듯했다. 그래서 가장 행복했던 순간으로 결혼식 날 하얀 드레스 입고 예쁘게 신부 화장을 한 나의 모습이 떠올라 표현하였다. 김 위에 하얀 밥을 깔아서 뽀얀 얼굴을 표현하고 올림머리에 난생처음으로 길고 화려한 귀걸이를 하고, 긴 속눈썹, 빨알간 볼 터치, 환하게 웃고 있는 내 모습을 표현하였다. 다양한 푸드 재료를 가지고 나의 모습을 표현하고 보니 얼마나

〈신부 화장한 모습〉

행복하고 설레었는지 알 수 있었다. 몰입하는 동안 남편과 연애에서 결혼하기까지 추억이 생각났다.

부처님 설법에 큰 바다에 눈이 먼 거북이가 사는데 백 년에 한 번 구멍 뚫린 판자가 바다를 떠돈단다. 온전한 거북이도 그 큰 바다에서 그것을 만날 확률이 거의 불가능한데 하물며 눈까지 먼 거북이가 그 큰 바다에서 구멍 뚫린 판자를 만나 머리를 구멍 속으로 내밀어 잠시 한순간이라도 쉴 수 있는 확률은 얼마나 될까? 그래서 인연이란 모래알같이 많고 많은 사람과 사람 사이의 만남이라고 하였다.

남편을 만난 것도 정말 인연인 거 같다. 우리는 학교 도서관에서 만났는데 남편이 내 앞자리에 앉아 마주 보고 공부를 하게 되었다. 그때 당시 나는 매일 도서관에 갔었는데 남편은 그날 처음 도서관에 와서 나를 보고 매일 일부러 들락거렸다고 한다. 남편은 항상 내 주위에서 마주 앉거나 옆에 앉아서 공부하게 되었다. 어느 날 잠시 자리를 비우고 들어와 보니 누군가 자판기 커피를 뽑아서 내 책상 위에 두고 갔다. 나는 지금도 그때의 책상 위에 놓인 진한 밀크커피의 향을 잊을 수가 없다. 누군지는 모르지만 나 먹으라고 놓아 둔 것 같아서 맛있게 먹었다. 다음 날, 그다음 날도... 누굴까? 자리만 비우면 놓인 따뜻한 커피 한 잔... 어느 날 커피 대신 메모지가 있었다. "커피 한 잔 하실까요? 밖에서 기다리겠습니다."라고 해서 나가보니 내 앞에 앉아서 공부하던 그 아저씨같이 생긴 남자가 아닌가? 휴게실 자판기에서 커피를 뽑고 있었다. 가끔 눈이 마주친 적이 있었기 때문에 낯설지는 않았고 커피를 둔 사람이라는 걸 직감하였다.

그 후로 우리는 도서관에 가서 공부보다 등나무 아래에서 커피를 마시며 이야기를 나누는 시간이 더 많아졌고 3년 연애 끝에 결혼하게 되었다. 얼마 전에는 결혼 22주년에 리마인드 웨딩촬영을 하였다. 그때는 둘이었고 지금은 남편과 나를 하나씩 닮은 아들딸을 사이에 두고 찍었다. 여전히 신부 화장을 한 나의 모습은 아름답고 행복했다.

주어진 재료들을 이용하여 나의 가장 행복했던 모습을 표현해 보니 마치 과거의 내 모습이 거울을 비춘 듯 지금의 내 모습 같았다. 오늘 행복하게 보내는 이 하루도 훗날 또 다른 추억의 한 장면으로 남을 것이다. 그래서 현재에 감사하고 늘 긍정적인 마인드로 살아가야겠다.

결혼식 때의 아름다운 신부 모습처럼 늘 행복하고 겉과 속이 건강한 사람이 되고 싶다. 지금껏 열심히 살아와 준 남편과 나에게 고맙다.

나는 지금의 내가 너무 좋다. 왜냐하면 어제보다 오늘이 더 좋고 오늘보다는 내일이 더 좋고 행복할 테니까.

오늘 나에게 푸드표현예술은 '**행복**'이다.

푸르고 아름다운 나의 별

김옥남

〈푸르고 아름다운 나의 별〉

일과를 마치고 여유로운 마음으로 딸들과 함께 저녁 산책을 나섰다. 아침이면 힘차게 떠오른 해가 푸른 새벽하늘을 붉게 물들이고, 저녁이면 저무는 해가 저녁 하늘을 홍시처럼 빨갛게 물들인다. 낮 동안 눈앞의 일로 하늘 한번 쳐다보지 못하다가 저녁에서야 허리를 펴고 하늘을 바라본다. 시골의 밤은 빨리 온다. 환하게 빛나는 네온사인 불빛과 어두움을 비추는 가로등이 없다. 옹기종기 모여 앉은 소담한 마을은 저녁상을 물리고 피곤한 몸을 빨리 잠자리에 누인다. 시골의 밤은 고요하고 캄캄하다. 가끔 지나가는 자동차 소리와 산에서 들려오는 고라니 울음소리가 전부다. 하루를 감사함으로 마무리하며 걷는 저녁 산책은 더없이 행복하고 여유롭다. 우리가 조잘대며 즐거워하니 밤하늘의 별들도 앞다투어 반짝거리며 빛을 낸다. 보석처럼 박혀 있는 별들을 바라보면서 앞으로 될 나의 모습을 상상해 본다. 별은 신비로운 힘을 지니고 있다. 우리들의 고단한 몸을 말갛게 씻어 주고 새로운 꿈을 꾸게 한다. 나의 한계로 포기하고 싶은 일을 '할 수 있다'라고 자신이 있게 말해 준다.

어릴 적 한여름 밤이면 모기와 더위로 밤잠을 설쳤다. 에어컨이 없었던 시절, 더위를 시켜 줄 유일한 가전은 선풍기 한 대가 전부였다. 한 대의 선풍기로 형제자매들이 한방에 모여 더위와 모기를 쫓아냈다. 선풍기를 밤새도록 틀어 놓고 자야 깊은 꿀잠을 잘 수 있었다.

그럴 때면 아버지는 우리에게 이렇게 말씀하셨다. "선풍기를 튼 채 문을 닫고 자면 죽을 수가 있으니 꼭 문을 열어 놓고 자라" 우리는 아버지의 말씀에 아무런 의심 없이 문을 열고 잤다. 그런데 선풍기를 틀고 자는 것과 죽는 것은 아무런 관계가 없다는 연구 결과가 나왔다. 이렇듯 우리는 진실이 아닌 것을 진실로 믿고 사는 것이 얼마나 많은가? 꿈도 마찬가지다. "꿈은 꿈에 불과하다", "꿈도 꾸지마", "너는 할 수 없어"라는 말에 스스로 속는다. 난 어릴 적 화가가 되고 싶었고, 과학자도 되고 싶었다. 그러나 세월이 지난 지금 그 꿈들은 모두 사라져 버렸다. 세월이 한참 지난 지금에야 다시 꿈 앞에 섰다. 꿈은 크기나 시기가 중요하지 않다. 행동으로 옮기느냐 옮기지 않았느냐가 중요하다. 시작이 반이라는 말이 있다. 마음먹고 한발을 디디면 다른 한발도 딛게 된다. 사람들의 눈치나 상황을 보지 말고 나의 소리에 집중하면 된다.

나의 꿈은 내 이름 석 자가 적혀 있는 책을 내는 것이다. 작가라는 거창한 꿈을 나의 가슴에 품었다. 아직은 내 손에 잡힌 것은 없지만 잡은 줄 믿고 나아가련다. 꿈을 부르니 꿈이 나에게 다가왔다. 식품 표현을 통해 맺은 인연이다. 한발 앞서간 코칭 작가님과 첫걸음을 함께 뗀 예비작가님들이다. 아직은 새싹처럼 연약하지만, 코치님이 옆에 계시고 함께 가는 예비작가님들이 있기에 든든하다. 좋은 글이 되기까지 쓰다가 지우기를 수십 번 반복해야 한다. 많이 읽고 많이 쓰고 끊임없이 배워야 한다. 그러면 언젠가 나의 이름 석 자가 적혀 있는 한 권의 책이 내 앞에 놓여 있으리라.

더위에 지칠 때 입안을 시원케 해 주고 등산 가방 속 간식으로 자리매김한 초록 오이로 나의 꿈을 표현해 보았다. 먼저 오이를 손으로 만져 보았다. 따끔거렸다. 오이의 가시들이 다듬어지지 않은 지금의 내 모습과도 같았다. 까끌까끌한 오이 껍질이 매끄러워지려면 반복해서 씻어야 하듯 몇 번이고 연습하고 또 연습하면 사람들이 읽기에 좋은 글이 만들어지겠지? 그리고 껍질을 벗겼다. 껍질을 벗기니 오이의 상큼한 향이 코끝을 자극한다. 상큼한 향에 끌려 나도 모르게 크게 한입 깨물었다. 아삭하고 시원한 맛이다. 나의 글도 사람의 마음을 시원케 해 주는 글이 되길 바라본다. 오이의 껍질로 밤하늘에 빛나는 별을 만들었다. 영원히 변치 않고 자기 자리를 지키는 별. 그리고 속살로 별을 채웠다. 별 속을 채워 가니 밝은 빛이 금방이라도 쏟아질 것 같은 푸르고 아름다운 별이 되었다. 그리고 언젠가 나의 꿈이 이루어질 것을 믿으며 오이의 머리 부분을 잘라 별의 중심에 놓아 보았다. 멋지고 아름다운 나의 별이 완성되었다. 우리는 모두가 빛나는 별이다. 모양도 다르고 크기도 다르지만, 빛을 내는 아름다운 별이다. 자신만이 가지고 있는 고유한 빛깔로 자신의 꿈을 이루어 보자.

오늘 나에게 푸드표현은 '**꿈(비전)**'이다.

나의 행복 발견

심재영

푸드 표현이 어떤 것인지 조금씩 이해가 되어 간다. 왜냐면 가정에서나 음식점에서나 심지어 시골 텃밭에 있는 채소만 보더라도 푸드 매체라는 생각에 미소가 지어지고 만지작거려지기 때문이다.

오늘은 푸드 표현을 통한 자기 탐색의 시간이 주어졌다. 행복 샌드위치다. 창조주가 사람을 만들었을 땐 모든 것이 '행복'이었다. 행복하라고 지어진 존재다. 하지만 그렇지 못한 것이 현실이 아닌가?

평소 각종 야채와 햄, 치즈, 그리고 달콤한 딸기잼으로 아이들의 간식인 샌드위치를 많이 만들어 주었다. 그냥 간식으로…… 그런데 오늘은 주제가 있다. '행복 샌드위치' 누구를 먹이기 위해 만드는 것이 아니라 나만을 위해 행복을 표현하는 샌드위치다.

식빵의 고소하면서도 커피를 부르는 향기를 맡으며 잠시 생각에 잠긴다. 약간 파삭한 느낌의 바깥 부분을 가위로 싹둑싹둑 잘라 입속에 한가득 넣어 보고 남은 부분은 폭신폭신 동그란 얼굴 모양을 만들었다. 조이 자신의 얼굴이다. 그러고 보니 그림을 그려도 사람 얼굴을 많이 그리고 푸드로 표현해도 얼굴 작품이 많은 것 같다. 눈, 코, 입을 다양한 매체를 가지고 만들어 붙여 보고 노란 치즈는 머리카락을 나타내었다.

〈파이팅 조이〉

물론 얼굴은 웃음이다. 이상하게 푸드로 뭔가를 표현하면 자연스럽게 조이의 입은 언제나 미소가 생긴다. 그냥 재미있다. 예쁘게 해야 될 필요도 없고, 남보다 잘 꾸며야 된다는 생각은 더더욱이나 없기에 그냥 즐거울 뿐이다. 언제나 무언가를 할 때에는 좀 더 잘해야 된다는 생각을 하고 있었나 보다.

깻잎 하나를 머리 위에 올려 본다. 그러고는 생각의 나무라 이름을 지어 보았다. 머물러 있는 생각이 아니라 긍정의 에너지가 있는 생각이 자라는 초록 잎… 그럴싸하다. 바나나 껍질을 아무 생각 없이 줄줄 자르다 보니 다섯 개로 나누어졌다. 손가락이다. 아~좋다. 행동하는 손이라 이름을 짓고 적채로 만든 팔 밑에 붙였다. 펜필드의 호문클루스 손보다는 작지만 그래도 크다. 오이로 만든 귀도 크다. 푸드를 하면서 처음 보았던 호문클루스가 내 머릿속에 가끔씩 생각이 날 때가 있다. 참으로 이상하게 생긴 사람, 꼭 외계인 아니 괴물이었다. 캐나다의 신경외과 의사인 와일드 펜필드는 인간의 대뇌피질을 중심으로 감각을 담당하는 곳과 운동을 담당하는 부분이 있는데 이것에 가장 큰 영향을 주는 것이 손과 입 주위라고 한다. 그다음이 눈, 코, 귀 순서다. 이 비율을 본떠서 재구성한 인간의 모습이 호문클루스다. 푸드 표현은 손으로 만지고 입으로 맛보고 최고의 뇌운동인 셈이다.

푸드를 하면 생동감이 넘친다. 무언가를 할 것 같다. 갑자기 나는 "나야"라는 생각이 든다. 네모 식빵에 웃기도 하고 찡그리기도 하고 고뇌하는 사람의 모습을 표현했다. 왜냐하면 조이의 모습이기도 하고 또한 모든 사람들의 다양한 마음의 얼굴이기도 하기 때문이다.

푸드를 통해 긍정적인 감정이 조이에게 들어오고 이것들이 더 확장되어 주변을 환하게 비출 수 있다면, 조이는 머리 위 생각의 나무에 초록 오이껍질로 신선한 향기를 발하는 모습도 표현해 보았다. 그러고 보니 조이는 항상 무언가를 해 보고 싶어 하고 있었다. 단지 지금해도 될까? 지금해서 무슨 소용이 있을까? 하는 생각 가운데 갇혀 있었다.

또한 환경에 매여 무언가를 할 엄두가 나지 않았던 것이다. 푸드를 하면서 오래전에 읽어 보았던 『멈추지 마, 다시 꿈부터 써봐』라는 김수영 씨가 쓴 책이 생각났다.

73개의 꿈을 쓰고 세계에 도전하는 한 여성의 삶. 작은 움직임조차도 쉽게 발걸음을 떼지 못하고 생각만 하고 있을 때가 많은 조이에게는 상상할 수 없는 삶에 도전이었기에 대단하다고만 생각했다. 하지만 이제는 아니다. 아주 작은 도전이라도, 작은 시작이라도 그것이 씨앗이 되어 작은 싹을 틔우는 것임을 안다. 씨앗으로만 가지고 있으면 아무런 변화도 일어나지 않지만 씨앗을 흙 속에 넣었기 때문에 반응이 일어나는 것이다. 그래, 그렇다면 나도 작은 꿈이라도 한번 적어 보아야겠다. 10, 20, 30 …… 100개면 어떠랴! 내 마음인 것을. 하하하.

오늘도 내가 만든 작품을 다시 돌아보며 식빵 조이가 진짜 조이에게 "파이팅… 도전해 봐."라고 힘을 주는 것 같다.

오늘도 맛있게 나는 푸드를 먹는다.

그리고 푸드는 나를 바라보게 한다.

그리고 푸드는 나를 움직이게 한다.

오늘 나에게 푸드표현예술은 '**바라봄과 움직임**'이다.

최고의 선물

이영옥

나에게 깊이 집중하다 보니 어느새 머릿속은 맑아지고 있었다. 일상에서 어제와 오늘의 시간이 주는 의미를 새삼 다르게 느껴 보는 것은 나와의 만남이었다. 나와의 만남은 많은 의미를 일깨워 주었다. 아무렇지도 않았던 날들이 이제 존귀하고 소중하다는 생각이 나를 들뜨게 한다. 전에 느껴 보지 못했던 이 기쁨은 어디에서 오는 것일까. 많은 생각이 꼬리에 꼬리를 물었다. 나와 내가 주고받는 문답은 무한한 긍정의 힘으로 표출되며 날개를 달았다. 넘쳐 나는 기쁨의 원천은 끝이 없는 사랑으로 피어나 둥근달이 되어 갔다. 그 존귀함은 주변을 밝히며 달무리처럼 퍼져 나간다. 흔히 접할 수 있는 재료인 적색 양배추로 우주를 표현하며 치즈로는 둥근달을 만들었다. 푸드는 자연의 재료와 절묘하게 엮을 수 있는 감성과 나를 사랑하는 자존감에서 비롯된 것 같다.

나의 달 하나가 떠 있다. 하늘이 품은 한 개의 달은 천 개의 강물에 천 개의 달로 비춰 줄 것이다. '하나는 전부고 전부는 하나다'라는 말처럼 저 하늘에도 가슴에도 아름다운 달빛이 차고 넘쳤으면 좋겠다. 나에게 달빛의 상징은 원만 밝음이다. 남을 밝혀 주고 꿈을 주는 밝음은 큰 선물이다. 물질적인 선물이 아닌 치유의 밝음이며 이것은 나, 너, 우리가 공존할 수 있게 도미노처럼 퍼져 나가기를 소망한다.

〈내 마음의 달빛〉

나는 며칠 전 오롯이 나를 만날 수 있는 곳에 머물렀었다. 자연이 내뿜는 신선한 공기와 초록이 주는 싱그러움으로 가득 차 마음도 몸도 편안해지는 그런 시간을 누리면서 예전의 나라면 결코 볼 수 없었던 소중한 내 마음의 보석들을 바라보았다. 숲에 난 샛길을 걷다가 바위틈과 자갈 사이로 흘러가는 물줄기를 가만히 바라보면서 내가 지나쳐 온 삶의 물길을 되돌아보았다. 때로는 급류로 휘돌아 흐르다 때로는 커다란 바위에 막혀 좌절하고 막힘없이 흐르기도 했었던 물길들. "떨어지는 꽃잎은 정이 있어서 강물에 떨어지는데 무심한 강물은 꽃잎만 흘러 보내네" 하시던 유명한 스님의 말씀처럼, 무심히 흘러 흘러 지금의 자리에 서 있는 나를 마주 본다. 물은 무심히 흘러갔는데 내 안에서 천둥을 치고 폭우를 내리고 했음을 깨닫는다. 다른 눈으로 졸졸 흐르는 물을 바라보니 안개 같은 행복감이 나를 에워싸는 것 같은 따스함이 느껴졌다. 흐르는 물의 양도 시시각각 다를 것이며 모든 것은 지나가고 변한다. 그 상념 속에서 며칠 뒤 새로운 경험을 할 것에 대한 두려움을 떨칠 수 있었다.

'오늘 이 시간 선물이구나.' 하고 생각하면서 한 친구가 생각났다. 30년 전부터 방학이면 해외여행을 다녔던 여행 마니아, 몇 년 전에 그 친구와 스위스 여행을 떠났다. 그렇게 갔던 마음 여행길에서 지금이 선물이라고 말해 주었다. 말에는 힘이 있고 그 말은 계속 견인해 갈 수 있다고 하듯이 세계유적지 답사여행이 목표임을 마음에 새긴 친구... 행복해하는 모습이 선하다.

탐험가로 알려진 존 고다드도 15세 되던 해에 1940년 노란색 종이에 나의 목표라고 적었다. 존 고다드 역시 꿈의 리스트가 없었다면 그냥 우왕좌왕한 인생으로 살다가 끝났을 지도 모른다. 목표는 단순히 겨냥해야 할 과녁 정도가 아니다. 일단 세워지면 불가사의한 힘이 깃들게 된다. 사람이 목표를 이끌고 가는 것이 아니라 사람을 리드하게 되는 것이다. 이것은 우리에게 불타는 열망, 강한 자신감, 실행해 내고야 말겠다는 확고부동한 결의를 불어넣어 준다. 그것이 목표의 힘이다. 그리고 달성될 때까지 기적적으로 초점을 맞춰 주게 된다. 성공의 모든 요소는 목표달성이라는 과제를 맞추기 위한 정확한 스케줄과 연동되어 있었으며 일종의 성공의 법칙인 것이다. 그것이 친구에게는 삶의 여정이었으며 세계유적지 답사여행이라는 목표가 선물이었던 것이다.

눈앞에 펼쳐진 자연의 경관이 순간 나에게 주어진 선물이라 생각하니 감정이 차오르며 최고의 선물에 감사로 두 손이 절로 모였다. 선물의 의미는 내가 나를 위로하고 격려하는 칭찬일 것이다. 그날의 그 감정들을 고스란히 모아 두고 싶었다.

나의 정신적 에너지가 고갈되었을 때 신기루 같았던 선물을 하나하나 꺼내 일상의 고달픔을 달래 주고 싶어서다.

내가 나에게 준 최고의 선물을 받으니 삼라만상의 아름다움에 감사하다고 말하고 싶다.

"지금이 최고의 선물이다."

오늘 나에게 푸드표현예술은 '**최고의 선물**'이다.

피자 한 판의 선물

김경화

코로나로 인해 교회를 가지 못하고 비대면 예배로 바뀐 시점부터 7개월 동안 우리 가족은 저녁마다 함께 모여 예배를 드린다. 말씀을 읽고 깨달은 부분을 함께 나누기도 하고 하루의 일과를 소통하며 기도하는 행복한 시간을 가졌다. 어느 날 여느 때와 같이 예배를 드리고 서로 나누는 시간에 남편이 한마디 한다. "먹는 것 좀 줄이지?" 라는 말에 순간 기분이 상해 "또 시작이네~" 라고 말이 나와 버렸다. 나의 건강을 위해 한 이야기인 줄 알지만 듣는 순간 '욱' 하는 마음이 먼저 올라왔다. 남편은 건강을 위해 등산도 하고 전기자전거를 타고 다니며 맛있는 것도 함께 먹으며 소통하길 원한다는 이야기를 종종 했기에 그 마음은 이해가 간다. 하지만 섭섭한 마음이 먼저 들어 좋게 반응하지 못했다. 그렇게 반응하는 나에게 큰딸이 아빠가 한 말을 유연하게 풀어서 전달했다. 그때 나의 굳어진 마음과 사고들이 언제 그랬느냐는 듯 풀어져 부드럽게 받아들여지면서 건강한 식습관을 가져야겠다고 생각했다. 큰딸이 영양사이기에 내가 먹는 음식을 체크한 지 나흘째가 된 오늘 얼굴에 붓기가 조금 빠지고 몸의 변화가 일어나 움직임이 조금 쉬워졌다. 나를 위해서 한 말인데 난 '왜' 그렇게 반응을 하는 걸까? 지금의 나를 만든 건 지난날 자라 온 환경들과 부모님의 영향으로 인해 학습된 무기력이라는 것이 발견되었다. 아버지에 대한 분노와 반항으로 인해 일부러 아버지가 아끼는 음식들을 다 먹은 적이 있다. 그날은 냄비가 마당으로 내동댕이쳐지면서 집안은 한바탕 난리가 났다. 밥 때마다 많이 먹는다고 타박을 줬고 몸이 약한 여동생에게는 적게 먹는다고 타박이셨다. 그것이 자식에 대한 사랑의 표현이었던 것을 이제야 조금씩 알 것 같다. 식사 때마다 학습되어진 나의 인식이 부정적으로 마음 한편에 자리 잡게 되었다. 이것 말고도 나에게는 어떤 일에 도전하는 것에 약간의 머뭇거림이 있을 때가 있었다. 물론 지금은 예전에 비해 꼭 필요하다고 생각될 때 도전하고 행동한다. 이런 문제 원인을 푸드표현 1급 시간에 푸우 님의 강의를 듣고 알게 되었다. 강의의 내용은 마틴 셀리그먼의 학습된 무기력을 설명하시면서 코끼리와 개의 예를 들었다. 코끼리가 어릴 때부터 발목이 묶여 있는 채로 성장했다. 어느 날 몸짓이 커져 묶여 있는 것을 충분하게 풀 수 있는데도 불구하고 여전히 풀지 않고 묶인 상태로 있는 코끼리를 설명했다. 도전하지 않는다는 것은 도전했을 때 실패의 경험으로 인해라는 순간, 아! 내가 도전하지 않고 배우지 않은 것은 지난날 우리 어머니가 자식이 힘들까 봐 그거 하면 뭐 하겠냐라는 말씀으로 인해 그 언어가 내 삶에 각인이 되어 견인해 왔다는 사실을 깨달았다. 아~ 그렇구나! 나의 깊고 깊은 무의식 속에 한 줄기 빛이 비추어져 인식의 변화가 생겼다. 내 안의 것을 스스로 통찰해 나가는 뜻 깊은 시간이었다.

〈날 위한 선물〉

〈피자로 변신〉

안다는 것은 "행동이 따르지 않는 앎은 착각"이라고 푸우 님이 강의 중에 말씀했다. 이제 아는 만큼 내 삶의 실천을 하나씩 하나씩 해 보려 한다.

이런 나에게 오늘의 푸드 표현을 해 보려 한다. 인식이 변화되어 도전하며 행동하고자 하는 나에게 바탕에는 또띠아를 깔았고 에너지의 색 빨강의 방울토마토를 선택했고, 빨강의 파프리카를 군데군데마다 두며 힘을 실었다. 노란 콩나물 머리를 선택해 도전하고자 하는 마음을 표현하고 생명의 빛 초록의 파프리카와 건강한 느타리버섯과 희망과 용기의 색인 주황의 방울토마토를 선택해 장식하고 난 뒤 다른 접시에 옮겼다. 피자를 만들기 위해 치즈를 듬뿍 뿌려서 전자레인지에 넣었다. 변화를 시작한 나에게 피자 한 판을 선물했다. 앞으로 변화될 나에게 응원과 축복을 보낸다.

오늘 나에게 푸드표현예술은 '**선물**'이다.

내 몸과 대화를 하자

임미정

내 몸과 대화를 나눈 적이 있는가. 내 신체에 감사한 마음을 표현한 적이 있는가. 내 몸이 아프고 힘들어할 때 위로하고 격려해 준 적이 있는가.

푸드표현상담사과정 시간이었다. 명상시간을 가졌다. 조용한 음악과 함께 눈을 지그시 감고 대화 나눌 준비를 했다. 소음 하나 없이 조용해진 공간은 아주 가느다란 숨소리만 들리는 것 같았다.

양파는 눈을 감고 신체를 스캐닝하며 천천히 자신의 몸과 만났다. 머리끝에서부터 발끝까지 말이다. 몸이 말을 걸어왔다. 순간 나를 지탱하며 하고 싶은 것, 할 수 있도록 도와준 몸에게 고맙다는 말 한마디 못한 자신을 발견했다. 신체 어느 한 부위 소중하지 않은 곳이 없는데도 말이다. 그래, 모두 고맙구나. 순간 실버 관련 수강 때 가끔 불렀던 서희의 트로트 '위야위야'를 큰 소리로 부를 뻔했다. 다음은 양파의 몸에서 신호를 보내오는 부분이 있는지를 살피는 시간이었다. 그런 곳이 있으면 위로를 보내고, 불편함이 있으면 그것을 어떻게 해소해 줄 것인가를 물어보는 것이다. 몸과 만나던 양파는 발목에서 멈췄다. 며칠 전부터 발목이 아팠지만 '바쁘니까 어쩔 수 없지' 하며 조심스럽게 걷고 있던 터였다. '그래, 너무 힘들게 해서 미안해.', '널 좀 더 아끼고 보호해 줄게.' 하며 골절상을 입었던 발과 대화를 나눴다.

의사소통이 있은 후 이에 답하기 위해 매체를 바라보았다. 내 눈과 마주치자 "서로나 예뻐" 하며 눈빛을 보내는 것 같았다. 푸드로 표현할 매체를 준비하는데 다소 생소한 경험을 했다. 믹서기에 채소를 넣고 드륵드륵, 빅빅, 빙글빙글 돌리는 소리로 조용했던 강의실이 탈바꿈했다. 잠시 그런가 싶더니 카레, 깻잎, 당근, 적양배추, 비트는 고체에서 액체로 변했다. 마치 아이도 어른도 환경에 변화를 주면 달라지는 것처럼. 아마 이 교육과정을 마치면 '푸드'에 대한 양파의 관점도 분명 변화가 있을 거란 생각이 들었다. 둥근 볼에 밀가루와 액체를 담았다. 조물조물 섞고 또 섞으니 매끄러운 빛깔 좋은 반죽이 되었다. 얼마나 정성을 담아 만든 반죽인가. 이 재료를 만지고 보는 것만으로도 기분이 좋았다.

〈내 몸의 알아차림〉

〈내 몸이 보낸 신호〉

양파는 깻잎을 갈아 만든 쑥색 반죽을 한 움큼 손에 쥐었다. 아픈 발을 표현하기 위해 손놀림을 했다. 비트 색으로는 발을 보호하고, 사랑해 주리라는 마음으로 큰 하트를 만들었다. 작품을 만든 후 오물쪼물 한 재료들은 영양 만점 오색 수제비로 변신해 행복을 먹게 했다.

양파는 아시아 최고봉으로 불리는 코타키나발루(4,095m) 키나발루 산 정상에서 환호성을 지르며 인증 샷을 했다. 하지만 이러한 기쁨도 잠시였다. 내려오다 3,000m 지점에서 미끄러졌다. 하마터면 바위 아래로 뒹굴어 가족들의 얼굴조차 보지 못할 뻔한 사고를 경험했다. 왼발을 전혀 움직일 수 없다. 한 발짝도 뗄 수 없었다. 아, 어떻게 내려가지? 낯선 그곳, 암담했다. 작은 체구에 양파를 업은 코타는 땀으로 범벅이 되었다. 옷에서는 묵은 땀 냄새가 솔솔 났다. 그래도 양파는 코타의 목을 힘껏 껴안았다. 2차 사고가 일어날 것만 같았던 내리막길이다. 경사진 길을 업고 내려오다가 여섯 명의 소방대원들과 교대했다. 지금도 그 고마움을 잊을 수가 없다. '등반 준비를 더 탄탄하게 했더라면 어땠을까'

이러한 사고로 인해 양파 부부는 말레이시아에서의 여행 일정을 중단하고 조기 귀국했다. 골절된 뼈를 붙이기 위해 수술대 위에 누웠다 병실로 옮길 때까지 남편은 긴장의 끈을 놓지 못했다. 발목 주변 부종이 내릴 때까지는 무척 고통스러운 날들이었다. 혼자 입고, 벗고, 씻을 수 없었던 기간에 내 손과 발이 되어 준 남편의 따뜻한 손길이 감사하다.

얼마 전 1년마다 하는 건강검진을 했다. 신체가 또 신호를 보내왔다. 비만은 공공의 적이다. 몸의 이상 신호를 나타내는 수치들이 상승했다. 양파는 '운동을 시작하자. 건강통장을 만들어 선한 일에 쓰자. 작심삼일 하지 말자.'라며 다짐했다.

우리의 신체는 항상성을 가지고 있기에 균형이 깨지면 바로 자신에게 신호를 보낸다. 그 신호를 무시하고 대처하지 않으면 돌이킬 수 없는 상황에 이르기도 한다. 잠시 하던 일을 멈추자. 그런 다음 몸이 보내는 신호에 귀 기울여 몸과 대화하는 시간을 가져 보면 어떨까.

오늘 나에게 푸드표현예술은 '**알아차림**'이다.

또 다른 나의 자화상

김지윤

페르소나는 그리스 어원의 '가면'을 나타내는 말로 '외적 인격' 또는 '가면을 쓴 인격'을 뜻한다. 스위스의 심리학자이자 정신과 의사인 칼 구스타프 융(Carl Gustav Jung)은 '페르소나는 개인의 의식적 생각과 감정을 타자에게 감추거나 드러내는 일을 하는 기능 콤플렉스다'라고 하였다.

〈나의 자화상-돋보기〉

사람의 마음은 의식과 무의식으로 이루어지며 여기서 그림자와 같은 페르소나는 무의식의 열등한 인격, 자아의 어두운 면이라고 말했다. 자아는 겉으로 드러난 의식의 영역을 통해 외부 세계와 관계를 맺으면서 내면세계와 소통하는 주체이다. 반면에 페르소나는 일종의 가면으로 집단 사회의 행동 규범 또는 역할을 수행한다.

푸드표현활동으로 뻥튀기를 가지고 자화상을 표현하였다. 뻥튀기는 마트에 가면 쉽게 살 수 있고 남녀노소 누구나 좋아하는 친숙한 과자이다. 우리는 먼저 바삭바삭 소리를 내며 맛있게 먹어 보았다. 아무 생각 없이 자꾸 손이 가서 한없이 먹게 되는 뻥튀기를 가지고 오감을 느껴 보았다. 먼저 시각적으로 자세히 살펴보았다. 동그란 접시 모양으로 맨 한가운데는 색깔이 좀 더 짙게 보였다. 촉감은 울퉁불퉁하고 까칠까칠하였고, 맛은 고소한 냄새와 함께 약간은 기름 냄새도 나고 고소하게도 느껴졌다. 하나를 맛있게 다 먹고 자신과 충분히 만나는 시간을 가져 본 다음 나는 어떤 모습을 바라는지, 즉 내가 기대하는 나의 모습을 표현해 보았다. 그리고 여기에는 규칙이 있었다. 뻥튀기로 형상을 만들 때는 손은 잡기만 할 뿐 자르거나 구멍 등을 내는 데 사용해서는 안 되며, 형상을 내는 데는 입술, 치아, 혀, 침만 사용한다. 이는 푸드표현에서 성급하게 하지 않고 천천히 자신의 내면을 충분히 들여다보면서 집중할 수 있게 하기 위함이다. 주어진 뻥튀기를 이용해 자신의 상징물에 대해 무엇이든 자유롭게 생각나는 것을 표현하라고 하였다. 내 머릿속에 순간 스쳐 지나가는 상징적인 무언가가 떠올랐다. 미니 뻥튀기 두 개로 하나는 혀를 이용하여 한가운데 구슬만 한 구멍을 내었고 다른 하나는 치아로 잘라서 먹으며 조심스럽게 손잡이 부분을 만들어 돋보기를 만들었다.

내가 20~30대 때에는 선입견과 편견, 고정관념 같은 게 있었던 거 같다. 하지만 나는 나 자신의 가면을 쓰고 사람들과 만날 때는 선하고 착한 사람으로 살아왔다. 어려운 사람을 만나면 기부를 하고 모금도 하고 도와주었다. 어떤 때는 나의 내면 깊은 곳에는 남에게 보이기 위한 것도 있었다. 지금 생각해 보면 우리 사회가 그렇듯이 나도 직업에 대한 편견, 가난한 사람과 부자에 대한 편견, 공부를 잘하는 사람과 못하는 사람과의 편견, 장애에 대한 편견 등 이런 편견에 사로잡혀 있지는 않았나 하는 생각이 들었다. 나이가 들어가면서 세상을 바라보는 눈이 점점 더 넓어지는 것 같다. 고정관념도 편견도 선입견도 이제는 상대방을 대할 때 진심으로 다가갈 수 있는 여유가 생겼다. 그래서 나는 나보다 더 많이 살아온 주위의 인생 선배님들을 존경한다.

우리가 사물을 더 크고 자세히 보려면 돋보기가 필요하다. 세상을 살아가는 것도 돋보기와 같다는 생각이 들었다. 구슬만 한 구멍을 눈에서 멀리 갖다 대면 그 구멍 속에 보이는 시야는 정말 조그맣게 보인다. 하지만 그 작은 구멍도 눈 가까이 갖다 대면 시야가 넓게 보인다. 자세히 보아야 한다. 오래 보아야 한다. 그래야 있는 그대로 바라볼 수 있다. 세상에서 제일 무서운 게 고정관념과 편견이다. 돋보기처럼 살아가면서 사람들을 대할 때 더 자세히 보고 편견과 고정관념을 버리고 평등하게 존중해 주어야 하겠다고 다짐해 보았다.

누구나 나처럼 사회에 적응하고 살아가기 위해 또 사회에서 요구하는 역할 수행을 충실히 이행하려 할 것이다. 그리고 자신을 보호하기 위해 페르소나적인 가면을 몇 개쯤은 가지고 있을 것이다. 다른 사람들은 가면을 쓰고 있을 때는 모르겠지만 정작 나 자신은 이런 모습을 감추는 페르소나를 알고 있을 것이다.

뺑튀기 표현을 통해 또 다른 나의 자화상은 어떤 모습인지 생각해 보는 시간이었다. 나의 페르소나와 만나 보는 새로운 경험을 해 보는 시간이었다. 가면을 벗고 돋보기처럼 세상을 넓게 자세히 바라보는 것이 내면의 자신과 적극적으로 소통하는 것이 아닐까 생각해 본다.

오늘 나에게 푸드표현예술은 '**세상을 바라보는 돋보기**'다.

나를 찾아 떠나는 여행

김옥남

〈나를 찾아 떠나는 여행〉

내일 아침에 그토록 기다리던 여행을 떠난다면 지금 어떤 기분이 들까? 기대와 설렘으로 잠 못 이룰 것이다. 여행은 생각만 해도 기분이 좋고 설렌다. 우리를 설레게 하는 것이 여행이 주는 묘미가 아닐까? 나는 여행을 많이 가지 못했다. 마음의 여유와 경제적 여유가 없었기 때문이다. 아름답고 멋진 풍경을 보러 가거나 맛있는 것을 먹으러 맛집을 찾아 떠나는 여행은 나에게 사치였고 꿈이었다. 그러나 이제는 이런 핑계를 뒤로하고 친구나 가족과 함께 여행을 떠나고 싶다. 여행은 새로운 문화, 새로운 경치, 새로운 사람을 만나게 해 준다. 나의 울타리를 벗어나 새로운 곳, 새로운 사람을 만난다는 것은 삶의 활력소이고 살아가는 이유이다. 그리고 세월이 흐른 뒤 두고두고 아름다운 추억거리가 될 것이다. 그래서 오늘 기막히고 멋진 여행을 떠나 보려 한다.

'나를 찾아 떠나는 여행'이다. 그동안 바쁜 삶으로 진정한 나를 만나지도 나를 알려고도 하지 않았다. 그래서 오늘 나를 만나고 싶어 여행을 떠나기로 마음먹었다. 일상에서 경험하지 못한 것을 경험할 때 짜릿함을 느끼듯 '나를 찾아 떠나는 여행'은 나에게 어떤 감동을 줄까? 기대된다.

개인 심리학자 아들러는 인간관에서 사람을 종합적, 창조적, 목적 지향적인 존재이며, 자신을 객관적이 아니라 주관적 자아로 인식해야 한다고 말하였다. 다른 사람이 바라보는 나와 내가 알고 있는 나는 같은 사람이지만 다르다. 얼마나 다를까? 가까운 지인이나 가족들이 바라보는 나는 보이는 나다. "○○는 성격이 밝아, 활력이 넘쳐, ○○는 말수가 적어." 등 그들이 경험한 만큼 안다. 그러나 그게 전부가 아니다. 나를 나타내는 것은 수없이 많다. 그중에 나를 나 되게 하고 나의 삶의 중심에 자리를 잡은 것이 있다. 바로 '사랑'이다. '나는 사랑받기 위해 태어난 사람'이라는 말이다. 사람은 사랑받아야 할 존재이다. 사람은 사랑을 받을 때 가장 사람답고 행복하다. 사랑은 관계를 회복시킨다. 사랑은 마음을 따뜻하게 해 준다. 사랑은 모든 것의 기준이다. 사랑은 열등감으로 똘똘 뭉친 사람을 풀어 주고 나비처럼 가볍고 자유롭게 살 수 있게 해 준다.

식품 표현예술 시간에 참살이 항아리를 만들어 나를 담아 보았다. 웰빙(well-being), 즉 행복하고 건강한 삶을 살아가기 위해서는 긍정(P), 몰입(E), 관계(R), 의미(M), 성취(A)의 다섯 가지 필요 요소가 있다. 하얀 소금에 고운 파스텔 가루를 입혀 긍정(P)에는 주황색을 몰입(E)에는 초록색, 관계(R)는 개나리꽃처럼 화사한 노란색, 의미(M)는 가을하늘처럼 맑고 푸른 파란색, 성취(A)는 붉게 핀 장밋빛 빨간색을 입혔다. 하얀 소금에 고운 파스텔을 입히니 곱고 아름다운 색깔이 되었다. 웰빙을 위한 삶에서 나는 '의미(M)'를 가장 우선으로 여긴다. 내가 무엇을 하든지 어떤 일이든지 그것에 의미가 없다면 그 일은 모래 위에 지은 집처럼 한순간에 무너져 삶이 허무해진다. 그리고 두 번째는 '관계(R)'다. '싸우는 여자와 궁궐에서 사는 것보다 혼자서 초가에 사는 것이 더 행복하다'라는 말처럼 사람과의 관계가 어그러지고 깨진 유리처럼 부서진다면 삶이 얼마나 외롭고 쓸쓸하겠는가? 가까운 사람과 화평하게 지낼 때 우리는 기쁨을 누릴 수 있다. 내 옆에 있는 사람은 나를 나 되게 해 주며 나를 찾게 해 주는 고마운 사람이다. 세 번째는 '성취(A)'다. 일의 결과가 작든 크든 성취감이 주어질 때 보람을 느끼고 더 열심히 하고자 하는 동기가 생기게 되고 자신을 더욱 성숙하게 만든다. 다음으로 '긍정(P)'이다. 긍정은 부정을 몰아낸다. 긍정적인 삶의 태도는 험난한 세상을 거뜬히 이기는 힘을 준다. 없는 것을 탓하기보다 있는 것으로 만족하는 삶, 부에 처할 줄도 알고 가난에 처할 줄도 아는 긍정적인 삶에는 감사가 따른다. 감사는 만병통치약이라고 하는 않는가? 마지막으로 '몰입(E)'이다. 몰입을 한다는 것은 제 일을 사랑한다는 뜻이다. 몰입은 타인의 시선보다 자신에게 시선을 둔다. 내가 어디에 기준을 두고 무엇을 위해 살아가고 있는지 알 수 있게 해 준다. 이렇게 채워진 나의 웰빙항아리를 바라보니 진정한 내가 누구인지 조금은 알 것 같았다. 세상의 아름다운 곳을 찾아 떠나는 여행도 멋있는 일이지만 나를 찾아 떠나는 여행도 가끔은 해 볼 만한 멋진 여행이다. 시간이 날 때 자주 나를 만나러 가자.

오늘 나에게 푸드표현예술은 **'나를 찾아 떠나는 여행'**이다.

회복탄력성

조경애

할 일은 많으나 손가락 하나 까딱하기 싫은 무기력해진 요즘, 댕댕이는 마음을 추스르지 못하고 있다. 일과를 마칠 무렵 '태풍 하이선이 북상하고 있다'는 뉴스를 접했다. 왠지 오늘은 일찍 귀가해야겠다는 생각이 앞섰다. 평소 같으면 집에 도착해 저녁을 준비해야 하는 시간이다. 하지만 일이 손에 잡히질 않는다. 긴 의자에 기대어 한참 동안 물끄러미 앉아 있다가 '이제 저녁 준비를 해야겠구나.' 하며 주방으로 갔다. 저녁 찬 거리를 준비하기 위해 냉장고를 열어 재료를 꺼냈다. 그런데 아침에 먹을 해독주스 만들 재료에 먼저 손이 갔다.

저녁 준비는 뒤로 하고 푸드표현을 했다. 푸드표현상담사과정 수업 때 경험한 즐거운 기분이 떠올라 자연스럽게 표현을 하지 않았나 싶다.

빨간 비트와 당근을 다듬어 씻었다. 도마 위에 비트를 올려놓고 잘랐다. 큰 접시에 깻잎을 펼쳐 중간고사 준비와 사회복지사 취득을 위한 실습, 푸드표현상담사 교육 참여 등으로 복잡하게 널려져 있는 것들을 표현했다. 타원형으로 자른 비트로는 복잡한 나의 머리를 나타냈다. 작게 썬 비트와 양념으로 사용할 흰 마늘을 다져 나의 욕구를 눌렀다. 마지막으로 작은 잎이 몇 개 달린 상추 대 하나를 세웠다. 이것은 현재 나의 정체성과 나다움을 찾기 위한 회복탄력성에 무게를 두었다.

푸드로 표현한 후 작품을 바라보았다. 소파에 드러누워 의욕이 생기지 않는 나를 보는 것 같았다. 그리고 머리는 여러 가지 생각들로 복잡한 생각을 하고 있는 듯했다. '음~ 머릿속이 복잡하니 마음이 무거울 수밖에 없었겠구나. 그러다 보니 점점 의욕이 무디어져 가고.' 혼잣말로 중얼거렸다.

〈무기력한 나의 모습〉

요즈음 나의 모습이 그랬다. 배우고자 하는 욕심이 많아 이것저것 시작하다 보니 할 일이 너무 많아졌다. 하루 주어진 시간은 24시간인데 48시간처럼 착각하고 지냈다. 욕심이 과하다 보니 그 무게를 이기지 못하고 헉헉 대고 지내고 있던 터였다. 기계도 과하게 사용하면 제대로 작동이 안 된다. 그런데 댕댕이는 한 동안 그걸 잊고 지냈다. 되풀이되는 바쁜 일상은 의욕을 잃게 하며, 무기력하게 만들었다. 예전의 활기찬 나를 찾기 위해서는 이걸 이겨 내는 힘이 필요했다.

푸드 표현을 하며 손놀림하는 시간은 자신을 돌아보는 성찰의 시간이었고, 힐링의 시간이었다.

이때 친구한테 전화가 왔다. 이런저런 안부를 묻다가 비보를 듣게 되었다. 친구의 지인이 고독死를 했다고 한다. 직장을 잃은 후 형편이 어려워지고, 몸도 마음도 쇄약해져 이런 상황이 되었다고 한다. 친구 지인의 일이지만 참 안타까운 생각이 들었다. '죽음'이라는 단어 앞에서 숙연해지며, 또 한 번 나 자신을 되돌아보는 시간이었다.

회복탄력성은 무기력하고 절망적인 수렁이라고 생각되는 그곳에서 바닥을 차고 올라올 수 있는 잠재력이다. 이러한 회복탄력성은 물체의 탄성이 서로 다르듯 사람마다 다르다. 탄력성의 근육을 키우기 위해서는 자기 조절 능력과 긍정성이 있어야 한다.

회복탄력성은 우리의 인식을 전환하게 한다. 복잡했던 머리가 정리가 된 듯하다. 너무 바쁘게 지내다 보면 나 자신을 돌볼 여유가 없어진다. 가족의 보살핌은 물론 주위를 돌아볼 시간은 더더욱 없어진다. 마음을 보내고 손 한 번 내밀어 줄 수 있는 시간도 갖기 어렵다.

조금은 가벼워진 마음으로 토닥토닥 저녁 준비를 했다. 손놀림이 빨라졌다. 기쁜 마음으로 상차림을 했다.

이제 삶에 여유를 갖자.

오늘 나에게 푸드표현예술은 '**회복탄력성**'이다.

chapter

02

일상의 소소한 행복이 웰빙의 삶이다

추억을 먹고사는 우리는 작은 거 하나에도 감동한다. 작은 꽃씨 하나, 땅바닥에 납작 엎드려 피어 있는 작은 꽃, 살랑대는 풀 한 포기 모두 돋보이지 않아도 행복감을 더해 준다.

작은 것이 모든 것의 시작이다. 시작이 없으면 끝도 없다.

현재를 잡아라

신시옥

'카르페디엠' 지금 사는 이 순간에 충실하다는 뜻의 라틴어로 우리말로는 '현재를 잡아라'이다. 평소에 지나치던 말이었는데 웰다잉 강의를 듣고 큰 울림으로 다가왔다.

나는 아직도 과거에 얽매일 때가 있다. 시골에 홀로 계시면서 자주 전화를 걸어 안부를 챙기고 무조건 긍정적 존중으로 지지해 주시던 사랑하는 엄마는 3년 전에 돌아가셨다.

살아생전에 잘해 드리지 못했던 아쉬운 것들만 문득문득 떠오를 때면 마음이 아프다. 얼마 전 지인이 친정어머니를 모시고 와 효도하는 걸 보면서 그렇게 부러울 수가 없었다. 우리 엄마를 보듯 물김치도 담아다 드리고 옷도 사드리고 이번 추석에는 홍삼 선물을 준비해서 찾아뵈었다. '카르페디엠'의 의미를 진즉에 깨달았더라면 내 부모님 살아 계실 때 아낌없이 효도할 건데 후회해도 이미 때는 늦었다.

요즘 코로나19 팬데믹으로 혼란스럽다. 감염병이 언제 종식될까? 그저 미래가 불안하기만 하다. '현재를 살자' 현재를 산다는 것은 지금 해야 할 일을 치열하게 하면서 과거에 매이지 말고 아직 도래하지 않은 미래를 걱정하지도 않는다. 지금 이 순간의 자신에게 집중하고 자신에게 진실하며 주어진 삶을 충실하게 사는 것이다.

세 가지 금 중에 가장 귀한 금은 황금도 아니고 소금도 아니고 지금이 아닐까? 'Here and now'를 다시금 가슴에 새기며 푸드표현을 해 보았다.

〈리셋 케이크〉

먼저 별과자를 가져왔다. 나는 어릴 적부터 별처럼 영롱하고 아름다운 사랑을 만나는 꿈을 꿨다. 살아온 날을 뒤돌아보니 어느 정도는 그 꿈이 이루어져 있다. 사랑했던 남편과 두 자녀, 손주와의 만남이 그렇다. 그러나 가장 더 빛나고 아름다운 사랑은 영원히 함께하시는 절대자와의 만남이다. 원 모양의 붉은색 후르트링 6개로 나의 마음에 있는 내면 아이를 표현해 보았다. 나는 육 남매 중 넷째로서 위로 오빠 둘과 언니가 있고 아래로 두 여동생이 있어 관심을 많이 못 받고 자랐다. 아직도 사랑을 갈구하고 있는 내면 아이에게 "사랑해"라고 위로해 본다. 아이스크림콘 모양 과자에 손이 갔다. "12시에 만나요. 부라보콘, 둘이서 만나요. 부라보콘, 살짝쿵 데이트 ○○부라보콘" 광고 노래를 부르며 사 먹던 달콤한 추억이 떠올랐다. 푸드 작품을 다 만들고 '리셋 케이크'라고 제목을 붙였다. 자존감이 낮아서일까? 지인이 부탁해 오면 힘든 상황에서도 거절을 못 하다 보니 힘겨울 때가 많았다. 푸드표현예술치료를 통해 소중한 나를 만나게 되었고 이제는 정중하게 거절을 할 수 있을 것 같다. 지금 나를 사랑하며 내 안에 긍정 정서를 가득 채운다.

'과거의 아프고 후회스러운 기억을 떠나보내자', '불확실한 미래를 미리 염려하지 말자', '현재를 충실히 살자' 다시 태어나는 기분으로 나를 리셋하였다. 함께한 분들이 "리셋 축하합니다!" 노래를 불러 주었다. 날아갈 듯이 기뻤다.

기쁨은 우리의 마음을 열어 준다. 두려움을 덜어 주고 희망을 가져온다. 치유하는 힘을 가지고 있다. 기쁨을 느끼게 되면 지혜로워진다. 기쁨은 우리의 마음, 정서, 능력, 그리고 정신적인 모든 것을 통합해서 연결할 수 있기 때문이다.

- 사를로테 케이슬의 『기쁨의 옆자리』 중에서 -

기계도 초기화하면 제 역할을 잘 감당한다. 나도 리셋되었으니 매일 매순간을 소중히 여기고 최선을 다하는 '카르페디엠' 기쁨의 삶을 살아가자.

오늘 나에게 푸드표현예술은 '**리셋**'이다.

사랑 나무

이영옥

사랑이란 단어를 살며시 소리로 내어 보면 가슴이 따뜻해진다.

사랑은 어떤 모습 일까. 햇볕을 잘 받고 자란 빛 고운 빨간 사과가 떠오른다.

사랑 나무를 만들 때 순간순간마다 따뜻한 감정들이 나를 감싸며 가족들과 나들이 했던 정경들이 파노라마처럼 펼쳐지며 설레기까지 했다. 한편 기억 저편에서는 소중하게 가꾸지 못한 시간이 아쉬움으로 일렁이고 있었다. 그 기억들이 떠오르자 지난 시간에 대한 보상이라도 하려는 듯 어디서 밀려왔는지 사랑이 피어나 손에 힘이 생기며 집중하기 시작했다.

둘째를 출산하고 건강이 좋지 않아서 우리는 흩어져 살았다. 첫째 아이는 시댁에서 나와 둘째는 친정에서 남편은 혼자서 각자 생활을 하게 되었다. 둘째가 6개월쯤 되었을 때 한 지붕으로 남의 도움을 받아 간신히 합치게 되었다. 역할을 다하지 못한 안타까움에 늘 아픔을 느끼고 있었다.

인간이 불행한 것은 자기가 행복하다는 것을 모르기 때문이라고 한다. 지금 이 시간 푸드 표현을 통해서 행복의 의미를 찾으려고 했다. 타인이 아닌 나의 관점에서 부정했던 대상들을 그렇구나 인정하면서 많은 시각의 전환을 가져 보려 노력했었다. 그대로를 인정하면서 긍정으로 바라보니 모든 게 잘 영근 사랑으로 보인다. 아마도 마음의 빗장이 활짝 열렸음이리라. 추상적이지만 행복의 의미 또한 찾을 수 있을 것 같았다. 고착되고 경직된 틀을 벗어나 새로운 시각을 가진다면 한 단계씩 조금씩이나마 성숙해지지 않을까?

〈사랑이 쑥쑥〉

나는 가족과 나들이를 갔을 때 먹었던 김밥을 떠올리며 음식의 맛을 혀끝으로 느끼고 자르고 수정도 하며 하나하나 손끝에서 정성을 들이며 표현을 자유롭게 해 보았다. 게맛살의 빨간색으로 하트를 만들고 큰 나무 그늘에서는 빨간 열매도 만들었다. 사랑을 품은 푸드 표현은 가슴을 포근하게 감싸 주며 안정감을 느끼게 했다. 사랑이 시간 속에 늘 강물처럼 흐르면 피어나는 꽃처럼 반짝이는 별처럼 아름답게 다가올 것이다. 잘 영근 사과나무를 지켜 사랑이 사랑을 부르는 더 큰 나무로 키워야겠다고 생각해 본다.

쓰임새에 따라서 이름이 달라지듯 물을 담으면 물병, 꽃을 꽂으면 꽃병, 와인을 담으면 와인병이 된다.

나의 마음도 병과 다르지 아닐 것이다. 긍정적인 미소, 웃음, 사랑으로 가득 채워 주변을 밝혀 주고 싶다. 행복 그릇이 되도록 말이다.

심리학자인 칙센트미하이 교수는 그의 저서 『몰입의 즐거움』에서 몰입의 경험을 풍부하게 다양하게 하는 것이야 말로 행복감을 넘어서서 훌륭한 삶을 누리게 할 수 있다고 한다. 가족을 생각하고 사랑하는 마음을 곁들이니 어떻게 시간이 지났는지 몰입하는 그 시간만큼 무아의 상태였다. 몰입은 나에게 생동감과 활력을 선물로 주었다. 단순히 즐거운 것이 아니라 무언지 모를 자신감이 차올랐다. 새로운 도전을 하고 싶다는 강한 동기도 일었다. 이시형 박사는 몰입 과정을 통해 우리 몸에는 행복 호르몬인 세로토닌이 분비되며 행복하다는 것을 느낀다고 했다.

행복감을 느끼며 주변을 둘러보니 모두가 감사함으로 다가왔다.

돌아보면 시댁 친정을 힘들게 했다. 산후의 건강을 되찾아 주시려고 애쓰신 부모님들의 너무나 큰 사랑을 받았음을 이제야 오롯이 느낀다. 지금은 멀리 떠나신 분들의 소중함을 새기면서 내가 부모님께 사랑을 받았듯이 가족을 담은 사랑 나무 한 그루를 잘 가꾸고 싶다. 이미 준 것은 잊어버리고 못다 준 것이 있다면 속속들이 채워 주고 싶다. 그 옛날의 아련한 기억을 떠올려 보며 따뜻하고 단단한 사랑으로 언제나 행복하기를 소망해 본다.

오늘 나에게 푸드표현예술은 '**잘 영근 사랑 나무**'이다.

주신 것에 감사

김경화

축복의 통로는 어린이집 하루일과를 마치고 함께 수고한 선생님들과 여유로운 휴식시간을 가졌다.

쉬는 동안 얼마 전에 배운 푸드표현예술치료로 하루의 피로를 풀며 서로의 마음을 나누고자 하였다. 선생님들도 한 마음으로 기분 좋게 동참하였다.

복숭아와 포도가 있어 씻고, 준비해 풍성하게 마음을 나눌 수 있었다.

금강산도 식후경이라고 달콤한 포도와 긍정적이며 힘을 주는 노랑과 주황이 혼재된 복숭아를 먹었다. 입안 가득 번지는 달콤함이 하루의 노고를 모두 풀어 주는 것 같았다. 음식을 먹으면서 각자 지금 느끼고 있는 감정들을 표현했다.

푸드가 가지고 있는 매력은 일상 가운데 쉽게 접할 수 있고, 자신의 내면에 있는 감정들을 편안하게 표현할 수 있다는 것이다. 선생님들은 각자의 감정 상태를 알아보기 위해 조용히 몰입하는 시간을 가졌다.

이 시간은 오직 나만의 시간이다. 누구의 아내, 누구의 엄마, 누구의 자녀라는 타이틀을 내려놓고 나의 감정을 알아차리는 진정성 있는 축복된 시간이다.

프리츠 펄스는 자신의 감정을 알아차림은 생각하고, 느끼고, 감지하고, 행동하는 것이라고 하였다. 그리고 인식하는 과정은 "자신을 만나기 위한 끊임없는 수단이다."라고 말한 것처럼 우리는 푸드를 통해 자신들을 만나 보았다. 하얀 쟁반 위에 매체인 포도와 복숭아를 하나씩 놓고 개인과 소통하며 작품을 마무리했다.

나눔이 시작되었다. 우리는 진솔하게 각자 마음 상태를 표현하기 시작했다.

S선생님은 선생님들과 함께 푸드로 표현할 수 있다는 것이 너무 좋고 행복하기도 하지만, 퇴근 후 가족들의 저녁 준비로 인해 약간의 부담감이 있음을 표현하였다. '주부라면 누구나 가지고 있는 고충이 아닐까? 육신은 고되지만, 사랑하는 가족들에게 해 줄 수 있는 행복한 부담이 아닐까?' 하는 생각이 들었다.

K선생님은 "사람들의 말로 인해 영향을 받으며 상처받는 연약한 자신의 모습을 작은 바람에도 이리저리 흔들리는 갈대와 같다."고 표현했다. 이런 자신의 연약한 모습을 인정하고 따뜻하게 선생님을 안아 주며 위로하는 시간이 되기를 바라본다.

K선생님은 폭염으로 인해 마음이 지치고, 몸이 처지는 부분이 마치 느린 달팽이와 같다고 표현했다. 선생님의 힘든 마음을 알 수 있는 시간이었다. 지친 몸과 마음이 이 시간을 통해 힐링이 되길 응원해 본다.

〈선생님들의 작품〉

〈감사〉

축복의 통로인 나는 당연하다고 생각하는 것과 소소한 일에 대한 부분들이 많음에 감사함으로 표현했다.

그냥 스쳐 지나가는 일들도 감사로 표현하니, 마음과 몸이 건강해짐을 느낀다.

푸드표현으로 서로의 마음을 나누고 표현함으로써 자신의 감정을 알아차리고 이해하며, 다른 선생님들의 감정도 공감하는 시간이 되었다.

소통과 공감, 힐링이 있는 건강한 우리가 있기에 내일의 미래인 우리에게 맡겨진 아이들도 건강하게 자라리라 믿는다. 마친 후 서로의 마음 나눔에 감사를 드린다고 했다.

몸은 피곤했지만 푸드매체로 내 안의 감정도 알아차리고 상대방의 마음도 알아 가는 의미 있는 시간에 감사할 따름이다.

오늘 나에게 푸드표현예술은 '**감사함**'이다.

나의 찬란한 보물들

박설희

〈맑고 향기로운 선물〉

푸드로 표현예술치료를 접한 지 꽤 시간이 흘렀다. 나름 이제는 푸드와 대화를 하며 나 자신의 성찰을 위해 재료를 잘라도 보고 썰어도 보고 손으로 찢어 보기도 하고 오감을 통해 경험해 보는 시간이 갈수록 느는 것 같다. 이번 주제는 내가 가장 소중하게 생각하는 것을 표현해 보는 시간이었다. 그 주제를 받은 뒤 머뭇거리지 않고 나의 머릿속에 생각나는 것은 우리 가족들이었다. 늘 옆에서 든든하게 나를 지지해 주고 응원해 주고 격려해 주고 때로는 위로도 해 주며 항상 좋은 쪽으로 응원 메시지를 주는 사랑하는 나의 가족이다.

가족에 관한 책을 본 기억이 있다. 세상에서 가장 포근한 이름을 가족이라고 이야기하고 있다. 내용 단락을 봄, 여름, 가을, 겨울 사계절에 비유하여 인생을 풀어 나간 이야기다. 책의 내용 중 일부를 적어 보면 "한번은 이런 일도 있었다. 우리는 간식으로 자주 미숫가루를 타서 먹곤 한다. 각자 컵에 미숫가루를 타고 젓가락을 하나씩 꽂아서 휘휘 저어 먹곤 하는데 그날은 이 녀석들이 젓가락을 빨대 빨듯이 쪽쪽 빠는 게 아닌가. '너희들 왜 그러니? 젓가락을 왜 빨고 그래?', '아빠, 내 빨대가 막혔나 봐. 잘 안 올라와.', '내 것도 안 올라오네.' 하면서 큰딸과 작은딸이 연신 쪽쪽 빠는 게 아닌가. 순간 머리가 띵해서 한동안 말을 못 하고 멍청히 아이들을 쳐다보고 있었다. 아이들이 빨대랑 젓가락을 구분 못할 정도로 어리지는 않은데 애들이 뭘 잘못 먹었나? 한참 동안 젓가락을 빨대인 양 얼굴이 새빨개지도록 빨아 대던 두 아이가 내 얼굴을 옆 눈으로 슬금슬금 쳐다보더니 갑자기 입가에 미소를 띠는 게 아닌가.

이 글을 읽으면서 독자들은 나와 똑같은 생각을 하였을 거라 짐작된다. 노란 미숫가루를 더운 여름날 얼음 동동 띄워 엄마가 타 주시면 가족들이 모두 둘러앉아 마시며 하하 호호 그날 있었던 이야기로 웃음꽃을 피웠던 시절 그 시절이 떠오를 것이다. 나의 사랑하던 가족들 지금은 그 어린아이가 나이가 들어 중년에 가까운 나이가 되었다. 그러다 문득 어린 시절 두 아이를 키우고 있는 20년 전의 나의 모습들이 떠오른다. 두 딸아이들과 우리는 가까운 곳이라도 다녀오기 위해 주말마다 늘 도시락이며 먹을 간식을 챙겨 여행을 다니곤 하였다. 아빠에게는 아들도 물론 있으면 좋겠지만 세심하게 챙기고 애교를 많이 가지고 있는 딸아이들이 아빠 옆에 있다면 참 좋을 것 같다는 생각이 든다. 그날도 아빠의 승용차 안에서 두 아이들의 노랫소리로 시끌시끌하였다. 하지만 그날 나의 컨디션은 별로였다. 왜냐하면 맞벌이를 하고 있는 상태이고 거의 두 아이들을 도맡아 챙기며 집안일까지 모두 해야 하는 1인 다역을 하는 워킹맘이었기에 그날은 좀 쉬고 싶다는 생각이 들었기 때문이었다. 시끌시끌한 소리를 견디다 못해 옆에 있던 물병을 친다는 게 아이들 쪽으로 물병이 날아가 작은아이 얼굴에 맞아 버리고 말았다. 순간 그 시간이 멈춘 듯하였다. 그러다 딸아이의 울음소리에, '피'라는 소리에 정신이 번쩍 들었다. 때리려고 한 건 아니었는데 코피까지 나 버려 엄마로서 굉장히 미안하고 무슨 말로 아이를 달래야 할지 생각이 나지 않았다. 물론 그 뒷수습은 아빠의 몫이었다. 그래도 아이들은 그 기억이 많이 나는지 지금도 그 이야기로 한 번씩 웃는다. 그 아이들이 이제 20살을 훌쩍 넘어섰다. 다들 직장생활도 열심히 하고 새로운 직장을 가기 위해 노력을 하는 걸 보니 대견하기도 하고 자랑스럽기도 하다.

물론 아이들 아빠는 딸 바보다. 딸만 보면 뭐가 그리 좋은지 헤헤거리며 입을 다물 줄 모른다. 이런 걸 보면 『가족』이라는 책 내용에서처럼 부모로 산다는 것은 만만치 않은 일이지만 자녀의 사랑을 느낄 때 부모는 행복하다. 자녀에게 품었던 실망과 분노 등의 감정은 사랑으로 인해 곧 사라진다. 또한 부모로 사는 이들에게는 공감을 일으키고 자녀에게는 부모에게 한 발 가까이 다가가게 해 준다고 생각한다. 그런 이유일까? 오늘은 더더욱 우리 집에 누워 쉬고 있는 아이들을 보니 더욱더 사랑스럽고 좋다. 그냥 마냥 좋다. 늘 가까이서 함께 지내고 싶다는 생각이 든다. 나의 찬란한 보물들 사랑한다.

오늘 나에게 푸드표현예술은 '**현재형**'이다.

코로나를 잡자

심재영

2020년 시작부터 지금까지 전 세계적인 뒤흔들림 있다. 중국 우한으로부터 시작된 코로나19다. 에볼라 바이러스, 사스, 신종플루가 있을 때에도 심각하긴 했지만 전 세계가 두려움에 휩쓸리진 않았다.

전염병은 개인을 넘어 다수가 감염되는 한 국가의 운명을 좌우한다. 하지만 코로나19는 전 세계의 정치, 경제, 사회, 교육을 바꾸어 놓는 결과를 가져왔다. 일상의 삶도 자유롭지 못하다. 비대면 수업, 긴급보육, 모임자제, 9시 이후로 영업정지 등 한 번도 경험하지 못한 사회현상이 지속되고 있다. 자영업자들의 경제 위기와 가정경제에도 크나큰 위기상황이다. 해외여행이라는 단어는 먼 옛날이야기처럼 느껴지는 현실이 되고 말았다. 왜 이런 일이 생기는 걸까? 백신만 개발되면 이것으로 끝일까? 많은 사람들은 앞으로 이보다 더한 전염병과 기근 등이 닥쳐올 거라고 예측한다. 오늘도 여전히 핸드폰에서는 확진자 몇 명, 방역조치사항, 확진자 동선에 따른 방문자 연락 메시지가 뜬다. 그때마다 "어쩌지~", "큰일이다"라는 일상의 답이 없는 단어만 주고받을 뿐이다.

저녁 식사를 준비하면서 매콤한 고추를 잘랐다. 근데 왠지 뚝 끊어진 고추가 집게처럼 느껴졌다. 손가락으로 고추를 잡고 집게처럼 접어다 폈다를 반복하며 조이의 입에서 "코로나를 잡자"라는 말이 튀어나왔다. 음식을 만들다 말고 집게처럼 생긴 잘라진 고추를 쟁반 위에 담아 쭉쭉~ 놓아 본다. 고추를 잘라 담아 볼 때마다 소독 솜으로 상처 난 곳을 닦아 주면 상처 부위의 균들을 제거해 주는 것처럼 집게로 톡톡 더러운 바이러스를 잡아떼어 낼 수만 있으면 좋겠다는 마음이 간절하다. 그러고 보니 2020년 4월에 호주에 가 있던 아들이 코로나로 인해 비행기가 뜨지 않아 귀국하지 못해 안절부절 못했던 날들이 생각난다. 3월 말 귀국행 비행기는 무산되고 언제 한국으로 돌아올 비행기가 있을지 몇 날 며칠을 폰으로 한국으로 가는 비행기가 뜨는지 검색만 했단다. 우여곡절 끝에 4월 한국으로 올 수 있었다. 가슴을 쓸어내리는 순간이었다. 그때까지만 해도 호주보다는 한국이 더 안전했으니까.

주황색 당근을 아주 얇게 썰어 그 위에 옥수수 알갱이를 올려 코로나 바이러스를 표현했다. 사람 몸속에 들어가 얼마나 많은 아픔을 주는가? 살아 움직이는 균이다. 땅콩가루와 김가루를 뿌려 몸속 깊이 숨어 있는 끈적이는 공포의 덩어리를 표현했다. 집게로 기어 다니는 더러운 벌레를 잡듯, 그렇게라도 잡을 수 있으면 얼마나 좋을까? 작은 아들이 호주에서 돌아오는 날 조이의 큰아들은 군에서 제대해서 왔다. 제대한 아들을 집으로 데려가지도 못하고 2주간 격리 조치된 작은아들이 집을 차지했다. 호주에서 온 아들 얼굴 한 번 먼발치에서 보고 남은 가족은 친정에서 지냈던 기억이 난다. 그 덕분에 친정엄마는 좋아했다. 딸과 함께 지낼 수 있어서.

〈코로나19 퇴치 군대〉

2020년 마지막을 보내는 12월은 더 심각하다. 이제 마스크는 우리의 안전을 지키는 안전지킴이가 되었다. 이전에는 아무리 추워도 쓰지 않던 마스크는 한여름 쨍쨍 내리쬐는 햇살에도 우리 얼굴 한곳을 차지했다. 지금은 '마스크 덕분에 겨울에 감기는 걸리지 않겠네.'라고 씁쓸한 이야기를 할 뿐이다. 전 세계적으로 백신이 공급되고 있다. 백신의 효력은 몇 %인지, 각 나라별 백신 공급은 언제부터가 될 것인지가 화두가 되고 있다. 또한 코로나19 변이 바이러스가 2차 유행을 일으키고 있다는 발표에 모두가 긴장하고 있다.

식사 준비하다 말고 꼬물꼬물 하고 있는 조이를 보고 "뭐 하는데"라며 묻는 남편에게 "이게 뭐처럼 보여요?"라고 하자 힐끗 쳐다보더니 자세히 본다.

코로나를 요렇게 콕 잡았으면 좋겠다 싶어 푸드로 표현해 보았다고 하자 "오호~괜찮네. 그럴싸하다"라며 "이 상황들이 빨리 지나가야 할 텐데…"라고 말한다.

행복한 감정을 표현하는 것도 참으로 좋지만 이렇게 시대 상황을 생각하며 푸드로 표현해 보면서 우리 일상의 삶들을 생각한다. 나만 아니라 우리라는 또 다른 감정이 생긴다. 우리 주변에 이 일로 어려움을 당하는 많은 사람들, 그리고 수고하는 의료진들, 이 모든 상황 가운데 우리가 어떤 모습을 보여야 될까? 함께 응원하며 나가야 되지 않을까? 위기와 경각심을 가지고 말이다.

친정어머니는 오늘도 전화가 온다. 시골에서 꼼짝하지 않고 집에만 계신다고 한다. 회관에도 가지 못한다. 그리고 '조심해라, 사람 많은 곳에 가지마라' 하시며 걱정과 염려 가득한 목소리로 뉴스 속보를 전해 주신다.

'코로나19 이것으로부터 언제쯤 자유로워질까?' 평범한 일상이 그립다.

오늘 나에게 푸드표현예술은 '**시대의 공감**'이다.

자연은 파동

이영옥

자연이 우리에게 주는 혜택은 너무나 많다. 푸른 대지 위에서 불어오는 싱그런 바람, 세상의 모든 이에게 차별 없이 비춰 주는 햇빛, 대지의 목을 축여 주기 위해 내려 주는 촉촉한 비, 땅 위의 모든 더러움을 덮어 주는 환상적인 하얀 눈은 모든 식물과 곡식을 여물게 한다. 이런 자연이 주는 힘으로 나무가 군집을 이뤄 산을 이루고 들판에선 곡식들이 자라고 가을이면 풍요로운 수확을 할 수 있으니 이 얼마나 감사한 일인가. 이 모든 것은 대가를 지불하지 않아도 마음껏 누리며 살아갈 수 있는 특혜를 우리에게 준다. 자연에서 얻은 채소와 과일들이 많은 시장에 가면 활력과 생기가 솟는다. 깻잎으로 대지의 싱그러움을 표현하고 그 위에 빨간 비트로 정열의 꽃을 피우고 과자로 풍차를 만들었다. 해는 사과로 둥근 모양을 내고 사랑은 사과로 하트 모양을 표현했다. 바람개비가 된 풍차는 세상과 나를 정화시키며 돌아가고 있다. 우리도 삶을 다했을 때 한 줄기 바람으로 흩어져 갈 것을 생각하면 계절의 순환처럼 느껴진다. 문득 어릴 때 아이들을 데리고 오솔길을 걸었던 생각이 떠올랐다. 둘째 아이는 처음에는 걸어가기를 싫어했다. 잠시 걷더니 자연이 주는 힘을 느꼈는지 씩씩하게 앞장서 갔다. 길 양옆으로 소나무가 빽빽이 서 있었으며 소나무 잎이 떨어져서 갈색으로 뒤덮여 있었다. 초겨울의 그 길은 눈 위를 걷는 것처럼 푹신푹신하기까지 했다. 우리가 한참 걸어서 목적지에 도착했을 때 온몸에서 내뿜는 열기와 초겨울의 상큼한 공기가 맞닿아 볼이 발그레해졌다. 자연과 만남으로 표정은 더할 나위 없이 행복해 보였다. 상쾌해진 기분 탓인지 아이들이 들떠 있었다. 바라보는 나도 이게 행복이구나 하는 느낌이 들었다.

아이들은 가끔 그때의 일을 이야기한다. 세월이 많이 흘러 지금은 그 길이 아스팔트 길이 되었지만, 소나무는 여전히 양옆으로 늘어서 버티고 서 있다. 이 길을 걸으면 자연에서 내뿜는 강한 파동들이 오감을 자극한다. 걷다 보면 누구나 자연의 힘을 받을 것이다. 소나무 사이로 들어오는 햇살의 따뜻함이 걷는 이를 비추며 이끈다. 정상에서 내려다보는 산 아래의 풍경도 좋지만, 온전히 나를 느끼며 오롯이 걷는 오솔길은 포근하게 나를 감싼다. 자연은 늘 우리에게 꾸밈없이 아름다움을 선물한다.

〈자연은 예술이다〉

고속도로의 길을 차로 달려 보아도 주위의 자연을 많이 볼 수 있다. 차창 밖으로 보이는 쭉쭉 뻗은 도로는 시원하고 국도의 완만한 곡선은 편안한 부드러움과 안정감을 느끼게 해 준다. 우리의 삶도 고속도로 혹은 국도가 조화롭게 어우러져 있지 않을까? 나는 고속도로 느낌이 드는 삭막한 직선보다는 느리지만 부드러운 곡선의 국도를 좋아한다.

허영자 시인의 「완행열차」 시 한 구절이 떠오른다. "급행열차 놓친 것은 잘된 일이다." 그 시인은 누구나 다다를 종착역을 향해 너무 급히 달려가는 사회현상을 보며 완행열차를 탄 것은 잘된 일이라고 했다. 누구나 종착역을 향해서 하루하루 달려가는 현실을 두고, 빠르게만 달려가려는 우리 인간상을 보고 시인은 안타깝게 느꼈나 보다. 그렇다. 나 역시 급행열차를 타고 여기까지 왔는지 모른다. 이제 남은 길은 완행열차로 천천히 가면서 길가에 흔들리는 코스모스와 노오란 국화도 보고 아주 천천히 누비듯이 혹은 홈질하듯이 시인의 시구처럼 길게 호흡하며 살아가고 싶다.

우리들이 살아가면서 가정과 사회에서 받는 스트레스에 직면할 때도 직선과 곡선의 미학이 선사하는 2중주를 느끼게 된다면 삶은 한층 성숙해질 것이다. 시간이 지나서 생각해 보니 자연이 내뿜는 소중한 향기를 나도 내뿜으며, 나를 더 존중하고 소중하게 생각하며 주위 사람에게도 더 배려할 수 있으리라 생각해 본다.

오늘 나에게 푸드표현예술은 '**자연은 파동이다**'이다.

감춰진 보배

김옥남

2020년의 여름은 지루하고 어두웠다.

하늘은 자주 회색빛 얼굴로 심술을 부렸고 심술궂은 산 할아버지는 먹구름 모자를 쓰고 이리저리 돌아다니며 재밌게 뛰어놀고 있는 아이 구름을 불러 모아 어른 구름으로 변신시켰다. 덩치가 커져 어른 구름이 된 아이 구름은 화난 듯 억수 같은 비를 쏟아 댔다.

끝날 것 같지 않은 긴 장마와 '코로나19'라는 바이러스의 출몰은 우리를 한층 더 두려움에 떨게 했다. 2020년을 맞이하면서 설레던 마음은 사라지고 침울하고 눅눅한 날의 연속이었다. 내 입에서는 웃음 대신 깊은 한숨이 절로 나왔다. '웃으면 복이 온다', '웃음이 보약이다'라는 말이 무색해졌다. 이런 힘들고 지루한 나날을 보내던 중 '푸드표현예술치료' 상담사 과정을 같이 공부하자며 반가운 친구가 찾아왔다. 푸드(Food) 즉, 우리가 매일 섭취하는 음식재료를 이용하여 내 안에 있는 자아를 발견하고 상처 난 곳을 치료하고 함께 먹고 나누면서 서로를 알아 가는 그런 프로그램이었다. 침울하고 어두웠던 나는 가뭄에 단비를 맞은 듯 기뻤다.

사람의 욕구 중 가장 기본욕구는 생리적 욕구이다. 그중 배고픔을 해결하는 것은 무엇보다 중요하며 이것이 해결되지 않으면 다음 단계로 나아갈 수 없다. 우리가 매일 먹고 마시는 음식은 우리 삶의 에너지이며 삶 자체라고 해도 과언이 아니다. 음식은 배고픔만을 해결해 주는 것뿐만이 아니라, 관계를 회복시키며 진정한 자아를 만나게 해 주는 도구다. 푸드표현예술치료는 잃었던 웃음을 되찾게 해 주었다.

어느 날 길을 걷다가 차창 유리에 비친 나의 모습을 보았다.

유리에 비친 사람은 웃음을 잃은 지 오래였다. 표정 없는 얼굴에 입꼬리는 한일(一)자를 하고 있었다. 그 사람이 나라는 사실에 깜짝 놀랐다. 나는 길을 걸으며 중얼거리듯 물음을 던졌다. "너는 왜 웃지 않니?" 내 안의 나는 이렇게 대답했다. "웃을 일이 없어, 삶이 힘들어. 돈도 없고 모든 게 부족해." 이렇게 말하고 있는 나를 보았다. 웃을 일이 있어 웃는 것이 아니라 웃어야 웃을 일이 생긴다는 말이 생각났다. 그래서 이제부터 웃기로 했다. 매일 반복되는 일상이 지겹고 일이 뜻대로 풀리지 않을 때도 입꼬리를 억지로 올렸다. 때로는 박장대소하며 크게 웃기도 하였다. 웃으니까 기분이 좋아졌다. 감사 거리가 떠올랐다. 그래서 웃음은 보약이라 했던가?

올해는 코로나19로 인해 모든 사람이 웃음을 잃고 우울해하고 있다. 웃음은 보약이라고 했는데 웃음이 나오지 않는다. 웃는 모습이 그리워 둥그런 수박으로 웃고 있는 모습을 꾸며 보기로 했다. 일하다 잠시 시간을 내어 비닐하우스에서 커다란 수박을 한 덩이 땄다. 수박을 바라보니 첫 아이를 가졌을 때의 기억이 떠올랐다. 하루도 빠짐없이 먹은 수박은 입덧이 심한 나를 행복하게 해 주었다. 그때의 수박 맛을 잊을 수가 없다.

이 수박으로 활짝 웃고 있는 얼굴을 표현해 보았다.

커다란 수박을 자르니 빨갛게 익은 수박이 얼굴을 내밀었다. 군침을 삼키며 수박에 수박껍질을 잘라 웃음기 가득한 두 눈을 만들고 빨갛게 익을 피망을 자르니 도톰하고 예쁜 입모양이 나왔다. 웃는 입모양이다. 그리고 넓은 가지 잎을 가위로 이발하듯 잘라 머리를 만드니 어릴 적 엄마가 잘라 준 단발머리가 되었다. 웃는 얼굴을 보니 기분이 좋아져 작은 방울토마토로 반짝이는 진주 귀걸이를 걸어 보았다. 화려하지 않지만 너무나 사랑스럽고 예뻤다. "바로 이거야, 이렇게 웃으니 얼마나 좋아! 그래 웃자, 힘

〈활짝 웃는 나〉

들수록 웃자, 웃으면 복이 온대요!" 이게 푸드 표현이 주는 힘이다. 조금 전까지 우울했던 내 마음은 안개가 걷히듯 사라지고 나도 모르게 웃으며 행복해졌다. 소소하지만 확실한 행복이었다. 우리가 행복할 수 있게 해 주는 것들은 바로 내 가까이 있다. 그래서 감사했다. 감사는 멀리 있는 행복을 우리 옆으로 데려다 준다. 지금부터 감사하자. 그래서 웃음을 잃은 나에게 웃음을 선물하자.

"너는 왜 항상 웃니?" 웃음은 우리를 살리게 하는 보약이다. 면역력이 필요한 지금, 웃음은 신이 주신 가장 효력 있는 면역강화제이다.

오늘 나에게 푸드표현예술은 '**웃음**'이다.

스트레스여 안녕

김지윤

『꼭 알고 싶은 심리학의 모든 것』이라는 책을 보면 복잡하고 빠르게 돌아가는 현대사회를 살고 있는 우리에게 스트레스를 피할 수 있는 마법 따위는 없다. 직장에서는 업무, 상사와의 갈등, 동료들끼리의 험담으로 인한 스트레스가 있고, 가정으로 돌아와도 부모나 자녀와의 사소한 갈등, 쌓여 있는 집안일이 우리를 힘들게 한다. 순간 머릿속에 '피할 수 없다면 즐겨라'라는 말이 생각났다.

업무에 관한 것, 가족 관계 및 가정 문제, 친구 관계 등 아마 현대사회에서 스트레스가 없는 사람은 아무도 없을 것이다.

얼마 전 『스트레스 해소법 100가지』 책이 검색어에 있어 읽어 보았다. 익히 알고 있는 것들도 있었고, 부담 없이 본인이 쉽게 실천할 만한 방법들을 몇 가지 선택하면 좋을 것 같았다. 하지만 여기 100가지에 없는 좋은 해소법을 소개하고자 한다.

푸드표현상담사과정 프로그램 수업에서 푸드표현을 통한 자기 탐색의 시간을 가졌다.

<찰떡 치기>는 각자 마음에 담아 두었던 이야기를 찰떡을 치면서 분출시키는 것이었다. 일종의 떡메 치기로 예전에는 가정에서 찹쌀밥을 지어 여자들은 주로 물을 묻혀서 뒤집어 주면 힘이 센 남자들이 절구로 빻아 콩고물을 묻혀 인절미를 만들어

먹었다. 요즘은 떡집에서 주문해서 먹으니 이런 광경은 생소했다.

〈스트레스 날리기〉

〈배려와 나눔〉

이번 프로그램은 개인이 하는 작품이 아니라 집단원들과 함께하는 팀 수업이다.

넓은 테이블 위에 비닐을 깔고 미리 준비한 찹쌀밥을 놓았다. 그리고 커다란 주걱을 하나씩 선택하여 돌아가면서 찹쌀밥을 세게 내리쳤다.

푸우 님의 진행대로 처음에는 가까운 나의 가족인 남편, 아들, 딸, 친구, 동료를 생각하면서 하고 싶은 이야기, 가슴에 참고 담아 두었던 못 다한 이야기를 밖으로 내뱉으며 큰소리로 외치면서 내리쳤다. 다들 제일 먼저 가족 구성원들에게 한 마디씩 큰소리로 외치는 모습을 보면서 나도 공감이 갔다. 다른 사람이 내리칠 때 미리 마음속에 말하고 싶은 사람의 얼굴을 머릿속에 떠올렸고 내 차례가 되자 세게 내리쳤다. 순간, 마치 그 사람과 이야기를 하는 것 같았다.

우리가 주걱으로 내리치면서 표출한 감정들은 솔직 담백하고 꾸미지 않은 있는 그대로의 말들이라 차마 글로 표현할 수 없을 것 같다. 그리고 흘러 보낸 그 자체가 스트레스 해소이고 다시 주워 담을 수 없으니까 말이다. 나의 내면에 그동안 쌓였던 좋지 않았던 불만이나 감정들이 조금씩 정화가 되는 것 같았다. 마음에 쌓인 분노나 답답함을 표출하고 나니 가슴이 뻥 뚫리면서 시원한 느낌마저 들었고, 카타르시스를 경험하는 좋은 시간이었다.

찰떡이 충분히 두드려지고 나면 콩고물을 묻혀 적당한 크기로 잘라 인절미를 만들어 먹었다. 큰 주걱에 인절미를 하나씩 놓아 옆에 있는 다른 사람들에게 서로 먹여주었다. 서로 돕고 협동하고 배려하면서 더불어 살아가야 하는 목적을 그대로 보여주는 계기가 되었다. 이렇듯 힘든 마음이 좀 풀리고 나니 '좋은 관계를 위해서 할 수 있는 방법이 뭘까?' 생각해 보는 시간이 되었다.

푸드표현상담사과정을 하기 전에 남편하고 적극적인 경청과 소통을 위해 『화성에서 온 남자, 금성에서 온 여자』라는 책을 남편에게 선물한 적이 있었다. 나를 좀 알아봐 달라고... 여자들의 특성을 좀 이해해 달라는 의미에서였다. 그러고 나서 어느 교수님께 말씀드렸더니 오히려 내가 금성에서 온 남자를 이해하라고 하셨다. 순간 내가 맞추려고 생각은 안 하고 남편에게 나를 맞추라고 강요한 것이 어리석었다는 생각이 들었고 자기반성을 하였다. 아들과 딸 그리고 직장동료에게도 좀 더 긍정적이고 격려해 주는 말로 먼저 다가가기로 하였다.

『호르몬 밸런스』라는 책에 의하면 스트레스를 받으면 코르티솔 호르몬이 생성된다. 우리 몸은 스트레스를 받게 되면 방어기전으로 코르티솔을 분비하게 되는데 지나치게 분비되면 혈당치가 높아지고 면역력이 떨어지게 된다고 한다.

반면에 행복할 때 나오는 3대 호르몬이 있다. 긍정적인 생각을 할 때 분비되는 세로토닌, 목표를 설정하고 성취했을 때 분비되는 도파민, 좋은 인간관계를 만들어 갈 때 분비되는 옥시토신이 있다. 좋은 사람들과 함께 많이 웃으며 행복의 호르몬이 한 스푼씩 나오는 인생을 살아가야겠다.

오늘 나에게 푸드표현예술은 '**스트레스를 해소하는 처방전**'이다.

사랑의 원천

신시옥

“깊은 산속 옹달샘 누가 와서 먹나요?” 어릴 적 여동생하고 ‘시민지골’이라는 밭에 부모님을 따라가 옹달샘에서 부르던 동요이다. 졸졸! 쉬지 않고 흘러나오는 물을 바가지로 떠먹고 세수도 하면서 놀았다. 샘을 휘저어 흙탕물로 만들면 이내 물이 정화되어 맑은 물이 되는 것이 신기했다.

흙을 반죽해서 음식을 만들고 풀을 뜯어 반찬도 만들며 재미있게 소꿉놀이를 했다. 지금 생각하니 최상의 자연 놀이터였다. 옹달샘 가에는 산딸기가 많아 가시에 찔리면서 따 먹었던 기억이 난다. 나와 여동생은 부모님이 일을 다 마칠 때까지 지칠 줄 모르고 놀이했고 때론 일도 거들었다.

어른이 되고 나서 추억의 옹달샘을 생각할 때마다 부모님의 사랑과 오버랩되면서 그리움이 쌓인다. 부모님께서는 무조건적인 사랑으로 육 남매를 키우셨다. 결혼해서 독립을 한 후에도 굽어진 허리로 농사를 지어 쌀, 된장, 간장, 고추장까지 육 남매에게 골고루 나누어 주셨다. “제발 농사일 그만하시고 편히 사세요”라는 자식들의 만류에도 아버지는 후두암으로 어머니는 췌장암으로 병원에 입원하시기 전까지 농사를 지으셨다. “놀면 뭐 해, 자식들에게 줄 수 있는 것이 기쁨이지.”라고 말씀하시던 부모님은 우리 육 남매의 사랑의 원천이셨다. 끊임없이 사랑을 주셨던 부모님의 마음을 나도 부모가 되어서야 절절히 깨닫게 되었다.

갈아서 형체가 없어진 콩가루, 강황 가루, 커피 가루를 가지고 사랑을 표현해 보았다. 오른쪽에 사랑의 원천인 창조주의 사랑을 콩가루와 강황 가루르 크고 동그랗게 나타내었다. 중앙에는 부모님의 사랑을 진한 갈색의 커피 가루와 샛노란 강황 가루를 이용하여 하트로 표현하였다. 그리고 대를 이어 전해지는 사랑을 선과 원으로 표현했다.

〈사랑의 원천〉

부모님께 물려받은 옹달샘과 같이 마르지 않는 사랑을 나도 자식에게 실천하고 있다. 아들, 딸에게는 아까운 것이 없으니 말이다. 지금도 결혼하여 맞벌이하는 아들 내외와 타지에서 자취생활 하는 딸에게 밑반찬을 만들어 보내 준다. 늘 자식을 위해 쉬지 않고 기도해 주는 자식 바라기 어미이다. 요즈음 손자를 키우는 아들, 며느리가 노심초사 정성을 다하는 걸 본다. 역시 부모에게 받은 사랑을 자기 자식에게 전해 주는 사랑의 대물림이라는 생각이 든다.

우리나라는 저출산 국가이다. 2020년 세계 인구 현황 보고서(유엔인구기금발표)에서는 조사대상 198개국 중 198위로 꼴찌라고 한다. 어떻게 하면 출산율을 올릴 수 있을까? 장기적인 면에서 국가적 위기로 다 함께 풀어야 할 숙제이다. 자신을 존재하게 해 주신 부모님의 은혜를 잊지 않고 자식을 낳아 사랑을 대물려 주는 것이 자연스러운 사회적 분위기가 조성되면 좋겠다.

창조주께서 태초에 천지와 만물을 창조하신 후 "좋았더라."고 말씀하시고 마지막으로 자신의 형상을 따라 사람을 만드시고는 "심히 좋았더라."고 하셨다.

『성경』 66권을 요약하면 요한복음 3장 16절이다. "하나님이 세상을 이처럼 사랑하사 독생자를 주셨으니 이는 그를 믿는 자마다 멸망하지 않고 영생을 얻게 하려 하심이라." 사랑의 본체이신 창조주는 우리를 사랑하신다.

그래서 부모에게 그 사랑을 심어 놓으셨나 보다. 아낌없이 주어도 더 주고 싶은 영원한 아가페 사랑은 각박한 세상에서 옹달샘과 같다. 그 사랑을 먹고 누리고 아낌없이 흘려보낼 때 혼탁한 세상은 정화될 것이다.

오늘 나에게 푸드표현예술은 '**옹달샘**'이다.

함께 가자 우리

박설희

푸드표현예술치료 2급 과정 2일 차 수업 시간이었다. 1일 차 수업 때는 처음 접해 보는 푸드표현예술이라 이걸 어떻게 해야 하지 하며 걱정 반 설렘 반이었다. 그러나 하루를 함께 수업에 참여해서 그런지 강의장 분위기가 나름 훈훈하고 긴장이 풀려 수업내용에 충실히 몰입해 가는 나 자신을 발견하게 되었다.

수업내용은 내 안에 있는 상처 치유와 돌봄이라는 주제로 샌드위치 만들기였다. 샌드위치는 여러 가지 야채, 식빵, 햄, 과일, 잼을 이용해 표현해 보는 것이다. 나는 나의 손이 움직이는 대로 재료를 담아 오고 담아 온 야채, 식빵, 과일을 칼과 도마를 이용해 썰어 보았다.

〈우리 함께〉

푸드 재료를 자르면서 풍기는 냄새를 맡을 수도 있었고 그런 향긋한 향에 취해 먹어보기도 하면서 즐겁게 나만의 세계로 빠져들기 시작하였다.

우리 삶에서 음식을 먹는다는 것은 어떤 의미일까? 이러한 물음에 대한 음식의 추억은 오감을 통해 기억되는 매우 의미 있고 중요한 경험으로 각자의 삶의 역사와 긴밀하게 이어져 몸과 마음을 하나로 이어 준다고 생각한다.

때로는 음식을 먹으면서 스트레스를 해소할 수 있고, 때로는 기쁘고 행복한 감정을 느낄 수 있으며, 위로가 필요한 경우 위안을 받기도 한다.

이렇게 우리의 삶에서 중요한 부분을 차지하고 있는 음식을 매체로 한 푸드표현예술치료 활동은 몸과 마음이 함께 건강하게 성장하는 효과적인 방법 중의 하나다.

즉, 푸드표현활동은 인간 삶 속의 이야기가 고스란히 담겨 있는 푸드 매체를 이용한 활동인 것이다.

다섯 가지 감각을 통해 알아보는 과정을 거쳐 표현하는 작업을 하기 시작하였다.

식빵을 받자마자 사람은 누구나 생김새가 다르듯이 모양을 다르게 잘라 나의 사랑하는 첫사랑 남편 님을 만들었고 늘 남편 곁에 머물러 있는 나 자신을 만들기 시작하였다. 첫사랑답게 나의 희생과 봉사로 살다 보니 문득 '나 자신이 힘들게 살고 있구나.'라는 걸 알아 가게 되었다. 그러나 이미 오래 살다 보니 무덤덤하게 지내온 게 20년이 넘어 버린 것이다.

어느 날 옆에서 지켜보던 우리 소중한 둘째 딸이 아빠에게 "엄마 좀 귀찮게 하지 마?" 하면서 울어버린 게 남편에게 충격이었는지, 아니면 펑펑 울면서 너무 힘들다는 전화를 내가 해서 그런지 언제부터인가 변해 가기 시작한 것이다. 그러면서 신혼의 기쁨을 아니 달콤함을 알게 하는 날들이 계속 이어지고 있다.

'그래! 설희야, 행복이라는 것은 희생이 아니야. 사랑하는 가족이라면 늘 자신의 감정을 드러내며 소통을 해야 그 사람이 힘들다는 걸 알 수 있단다. 이제 변해야 돼! 가족 모두가 서로를 배려하지 않는다면 소통의 부재로 생기는 여러 가지 일들을 감당하기 어려운 거야' 식빵으로 표현한 샌드위치가 그걸 나에게 속삭여 주는 느낌이었다.

푸드로 '나의 마음을 표현한다는 자체가 바로 나만을 위한 힐링의 시간이 아닐까' 생각한다.

오늘 나에게 푸드표현예술은 '**소통**'이다.

버팀목이 되어 주신 외할머니의 사랑

심재영

일상생활에서 접하고 있는 다양한 식재료가 눈앞에 펼쳐져 있다. 색깔도 모양도 맛도 냄새도 각각 다르지만 조이의 오감을 충족하기에 부족함이 없는 맛있는 것들이다. 조이는 유달리 오이를 좋아한다. 아삭한 오이 한입을 베어 물 때에 그 상쾌함이 행복하다. 오늘은 이 푸드 매체들과 함께 “내 안의 상처 보듬기”에 도전해 본다. 조이의 삶에 경험됐던 어릴 적 행복하지 못했던 기억들을 떠올리며 오랜 과거로 생각을 가져가 본다.

〈할머니의 품〉

지금은 어른이 되어 두 아이의 엄마가 된 조이에게 아직도 내면에 치유되지 않는 감정적 아이가 있는지 되물어 보면서 말이다. 조이는 초록색과 연두색이 어우러져 있는 빛깔 좋은 오이로 8명의 가족 얼굴을 표현해 보았다.

한 사람 한 사람의 얼굴이 떠오른다. 그러고는 어릴 적 모습을 마음으로 그려 보았다. 가족이라는 관계 속에서 오 남매를 끌어

안고 부모님을 대신해서 키워 주셨던 외할머니의 사랑, 조이는 연둣빛 발하는 싱싱한 상추를 길게 뻗게 하여 우리를 감싸고 있는 할머니의 팔을 표현해 보았다. 가난한 살림에 자식을 키워보겠다고 분주했던 부모님을 대신해서 사랑이라는 이름으로 희생했던 외할머니, 그분이 안계셨다면 우리들은 어땠을까? 빨간 파프리카로 환하게 웃으시는 할머니의 표정을 표현하면서 이미 하늘나라로 가신 외할머니가 떠올라 조이의 눈에는 눈물이 맺힌다.

잦은 부모님의 다툼, 왜 그렇게도 많이 다투셨는지? 참 싫었다.

적상추 두 장을 각각 놓고 각자의 생각만 주장하는 부모님을 표현했다. 서로에게 일그러진 모습, 나를 좀 알아 달라고, 나를 좀 이해해 달라고 외치는 것 같다. 서로에게 기대고 싶었는데 그렇지 못한 현실에 두 분도 마음 아팠으리라 생각이 든다.

그 시골 동네에서 연애결혼을 하셨다고 한다. 하지만 자라 온 환경이 다름으로 서로를 이해하지 못했던 부모님, 당신들의 다툼이 고스란히 어린 우리에게는 상처가 되었음을…… 부모님은 아셨을까?

그 상황 가운데 우리의 온전한 버팀목이 되어 주신 분이 외할머니시다. 외할머니의 다정했던 모습이 떠올라 조이는 잠시 그리움에 잠겨 보았다.

손이 가는 대로 푸드로 표현을 하면서 그 시절 서로에게 기대가 달랐던 부모님의 다툼에 마음의 상처를 끄집어내어 보고 푸드를 통해 부모님의 삶도 생각해 본다. 아버지는 어릴 적 돌아가신 엄마가 그리워 아내에게서 엄마의 푸근함을 느껴 보고 싶었고, 엄마는 일찍 돌아가신 아버지의 빈자리를 남편에게서 찾고 싶었는데 서로를 이해하기에 삶이 팍팍했을 것이다. 사랑으로 만나 미움과 원망 가득했던 두 분 사이에 조이는 빨간 비트로 사랑의 하트를 만들어 놓아 본다. 그리고 돌아가신 아버지에게 "아버지! 엄마가 아버지 마음 이해 못 해서 미안하다고 가끔씩 이야기해요."라며 엄마의 마음을 전해 보았다.

푸드 표현을 끝내고 가만히 작품을 들여다보았다. 아직도 마음속 깊은 곳에 어릴 적 부모님의 잦은 다툼이 상처가 되어 슬픔이 되고 해결되지 못한 갈함이 있는지 그리고 조이는 가만히 대답해 본다. "나는 이제 부모님으로부터 받은 상처는 없단다. 오직 그 분들이 어떤 모습이었던지 나의 부모님이라는 사실만으로 나는 충분히 사랑하고 존경한다. 누군가 나에게 가장 존경하는 분이 누구냐고 묻는다면 나는 확실히 말할 수 있어. 우리 부모님이라고~~그리고 끝까지 우리 곁을 지켜 주고 사랑으로 안아 주신 외할머니가 계셨기에 우리 오 남매는 이렇게 모두 행복하게 살고 있는 걸. 희생과 사랑이 무엇인지 알고 말이야. 난 행복해!" 작품을 보고 조이는 미소를 짓는다. 작은 아이 조이의 모습을 표현한 푸드도 환한 웃음으로 미소 짓는다.

이렇게 푸드로 표현하는 것이 또 한 번 조이의 내면을 탐색하고 치유의 기쁨과 사랑의 감정을 확인하는 시간이었다. 마음이 시원해지는 느낌이다.

〈행복 웃음〉

푸드는 뭘까? 전에는 그냥 맛있는 것을 먹고, 건강해지기 위해 먹고, 배고프기 때문에 먹는 것이라고 생각했는데 또 다른 비밀이 있다. 푸드가 조이에게 내면을 치유하는 치유제이며 긍정의 웃음을 주는 영양제가 되었다. 그래서 조이는 푸드로 어릴 적 치유되지 않은 감정적 아이가 아닌 행복한 웃음을 가진 아이의 얼굴을 표현해 보았다.

오늘도 "파이팅"을 외치며…….

오늘 나에게 푸드표현예술은 '**내면의 치유제**'이다.

chapter

03

내 안의 긍정을 춤추게 하라

나는 작고 세상은 크다. 드넓은 세상에는 사랑과 행복, 아름다움이 있다.

때로는 가시덤불이 있어 아픔과 슬픔도 만난다. 나비의 날갯짓으로 어제를 넘고 슬픔을 넘어 자유로운 세상을 만나자.

긍정 에너지 팡! 팡!

김지윤

어릴 적 우리 집은 초등학교가 바로 옆에 있어서 학교 운동장은 늘 나의 놀이터였다. 고무줄놀이, 자치기, 오징어 땅콩, 땅따먹기, 술래잡기, 무궁화 꽃이 피었습니다 등 학교 운동장에서 해가 지고 어두워질 때까지 시간 가는 줄 모르고 친구들과 어울려 놀았다. 그중 친구와 땅따먹기 게임을 했던 추억은 아직도 생생하게 남아 있다. 땅따먹기 놀이란 손가락으로 돌멩이나 병뚜껑을 튕기면서 3번 만에 자기의 땅으로 들어가면서 그만큼의 영역을 넓혀 가는 것으로 땅을 더 많이 딴 사람이 이기는 게임이다. 여기에는 순발력과 통찰력, 그리고 집중력이 요구된다.

게임이라는 것이 은근히 승부욕을 돋우는 것이 아닌가? 한번 시작한 땅따먹기는 어두워질 때까지 끝나는 줄을 몰랐고 번번이 나의 패배로 끝났다. 결국 집에 돌아와 밤새 속상해했던 기억이 난다.

푸드표현상담사과정을 하면서 바나나 욕구 게임을 하였다. 바나나의 휘어진 모습을 이용해서 칼싸움을 하였다. 어린 시절의 추억으로 돌아가서 친구들과 함께 놀던 때를 떠올리며 내 안에 승부욕이 샘솟았다. 두 사람씩 짝을 짓고 바나나를 하나씩 나누어 가진 다음 껍질을 반쯤 벗겨 두 사람이 칼싸움을 시작하였다. 상대방을 이기고 싫어 하는 성취 욕구가 내 안에 내재하여 있음을 알게 되었다.

〈바나나 칼싸움〉

〈내재된 욕구〉

〈시너지 트리〉

나는 최종 우승자로 뽑혀 포상으로 조그만 선물을 받게 되어 성취감을 느꼈다.

모두 바나나 칼싸움을 하면서 즐거워하였고 자신 안에 감춰진 힘에 대한 욕구를 분출시키는 경험을 하게 되었다.

이긴 사람이 있으면 반드시 진 사람도 있는 법이다. 승패보다는 즐길 수 있는 여유와 스트레스를 자기 성장의 기회로 승화시켜 나가야 한다. 그리고 내 안에서 느끼는 감정의 소중함을 알게 하는 시간이었다.

푸드표현예술의 좋은 점은 푸드 재료를 대부분 즉석에서 먹을 수 있다는 점이다. 바나나를 맛있게 먹고 이번에는 시너지 트리를 만들어 보았다. 커다란 전지에 바나나 껍질을 이용하여 소망을 담은 소망 나무를 만들었다. 그리고 내가 원하는 여러 가지 소원들을 적었다.

첫 번째는 가족의 건강과 행복을 기원하였다. 건강을 잃으면 전부를 잃는 것과 다름없다. 세상에 건강만큼 소중한 것이 있겠는가...

두 번째는 내 생명보다 귀한 아이들이 긍정적인 정서를 가지고 삶이 힘들 때마다 회복탄력성이 높은 사람으로 살아갈 수 있기를 소망했다. 회복탄력성이란 고난과 시련을 이겨 내는 긍정적인 힘을 의미하는데, 이것이 높은 사람일수록 인생의 어려움을 잘 극복하고 오히려 이를 통해 한 단계 성장한다고 한다.

예로, 1950년대에 가난과 질병, 범죄율이 높은 미국 하와이 카우아이 섬에서 833명의 신생아를 대상으로 성인이 될 때까지 종단 연구를 시행했다. 이 연구는 결손가정에서 자라난 아이들이 학교나 사회에 적응하기 힘들고 자존감이 떨어지는 등 나쁜 영향을 준다는 결론을 내렸다. 이 연구를 분석하던 심리학자 에미 워너 교수는 연구대상자 833명 중에서도 가정환경이 가장 열악해 고위험군으로 분류된 201명 중 1/3인 72명이 그런데도 훌륭하게 성장했다는 사실에 주목했다. 어려운 환경 속에서도 사회에 잘 적응하고 자기 삶을 더 잘 꾸려 갈 수 있었던 힘은 바로 긍정의 힘! 즉, 회복탄력성이 있었기 때문이다.

세 번째는 가족 모두 자신이 희망하는 목표, 꿈이 이루어지기를 바랐다. 말이 씨앗이 되고 뜻이 있는 곳에 길이 있다. 간절히 원하면 뜻하는 대로 이루어질 것이라고 믿는다.

우리를 움직이게 하는 강력한 힘은 기본적 욕구에서 비롯된다. 함께 사랑하고 협력하고 나누고자 하는 욕구, 경쟁하고 성취하고 중요한 존재가 되고 싶어 하는 욕구, 새로운 것을 배우고, 자신의 재능, 능력, 잠재력을 발휘하고자 하는 자아실현의 욕구가 있다.

베토벤은 평생 고통을 안겨 주었던 알코올 중독자 아버지를 9번 교향곡을 통해 사랑하는 아버지로 그려 내었다. 아버지와의 화해의 메시지를 전하는 그의 음악 작곡은 바로 성숙한 방어기제인 승화가 된 것이다.

내 안의 욕구를 사회적, 문화적으로 승화시켜 전환하는 것이 바람직하고 성숙한 방어기제이다. 이기고 싶었던 강한 승부욕은 지금은 '최선을 다했으면 그걸로 충분해!'라고 나 자신을 다독이고 소통과 배려 그리고 강한 친화성으로 승화되었다.

스트레스와 문제 상황을 해결하고 승화한다면 내 삶을 보다 주체적으로 살아갈 수 있을 것이다. 욕구는 에너지이다. 나를 변화시키는 긍정 에너지이다. 이제부터 나는 시너지 트리처럼 긍정 에너지를 팡팡 채우며 살아가기로 했다.

오늘 나에게 푸드표현예술은 '**긍정의 에너지**'다.

길 위에서 만난 기적

김옥남

〈길 위에서 만난 기적〉

당신은 기적을 믿는가?

산과 들에는 봄꽃들이 향기를 발하며 아름다움을 뽐내고 초록으로 곱게 단장한 나무들은 봄바람을 따라 흥겨운 몸짓으로 살랑거리며 춤추던 2020년 5월 8일. 이날은 내 생애 영원히 기억에 남을 기적이 일어난 날이다. 오랜만에 엄마를 보러 온 막둥이 아들과 작은딸을 데리고 동네 소문난 맛집에서 점심을 맛있게 먹고 돌아오는 길이었다. 돌아오는 길에 막둥이 아들이 외할머니가 보고 싶다며 외갓집에 들러 보자고 했다. 즐거운 마음으로 친정집을 향해 차를 몰았다. 이런저런 이야기로 한창 이야기꽃을 피우며 신나게 가고 있는데 옆에 앉은 아들이 갑자기 소스라치게 놀라며 큰 소리로 말했다. “엄마, 지금 어디로 가고 있어요? 앞에서 차가 오고 있잖아요?” 이야기하느라 정신없었던 나는 나를 향해 마주 보며 달려오는 차를 보고 내가 역주행을 하고 있음을 알았다. 나는 다급하게 비상등을 켰다. 앞에서 달려오던 차가 내가 켠 비상등을 보고 가까스로 차로를 변경하였고 그 틈을 타 급하게 갓길로 차를 돌렸다. 몇 대의 차들이 쌩쌩 지나갔다. 한참을 지나간 후에 나는 차 방향을 돌릴 수 있었다. 짧은 순간 나에게 무슨 일이 일어났는지 순간 멍해졌다. 그때 일을 생각하면 지금도 온몸에 소름이 돋는다. 상상조차 하기 싫은 끔찍한 일이다. 너무나 감사한 것은 역주행했음에도 불구하고 아무 사고 없이 집으로 돌아왔다는 것이다. 만약 마주 오던 차가 나를 보지 못했다면? 아들이 나에게 말해 주지 않았다면? 지금 나는 어떻게 되어 있을까? 20년 전 나의 부모님도 교통사고로 크게 다쳐 2년 동안 병원에서 치료를 받았고 그때의 사고로 부모님은 건강과 물질을 잃었고 사고 후유증으로 아직까지 고생하고 있다. 우리가 지금까지 사고 없이 잘 지내고 있다는 것은 기적이다. 기적은 물이 포도주로 변하고 거친 파도가 잔잔해지는 성경의 이야기만이 아니라, 지금 내가 사는 순간순간이 기적이다. 어젯밤 잠자리에 들어 아침에 눈을 뜨는 것, 코로나19의 위험한 상황에서 오늘까지 감염이 되지 않은 것, 일상에서 일어나는 모든 것들이 또한 기적이다. 그것들을 일일이 기록하려면 지면이 모자랄 것이다. 나는 이날 이후로 내 삶의 순간순간이 기적이라고 믿게 되었다. 평범한 하루하루의 삶이 나에게 덤으로 주어진 '선물'이 되었다. 내가 이 땅에 존재하고 있음에 감사하다. 그래서 소중히 다룬다. 요즘 '코로나19'라는 어마어마한 대적과 싸우는 중이다. 이 전염병은 좀처럼 자기 자리를 내어 주지 않는다. 골리앗처럼 우리의 작음과 연약함을 비웃으며 우리의 일상을 빼앗아 간다. 우리는 이 녀석을 두려워한다. 두려움에 사로잡혀 무엇을 어떻게 해야 할지 몰라 몸을 움츠리고 사라지기만을 기다린다. 그러나 아무리 골리앗처럼 우리를 위협하지만 우리에게 분명 기적은 일어난다. 검은 먹구름 같은 깜깜함이 우리를 가려도 먹구름 뒤엔 여전히 밝은 태양이 빛을 비추듯 말이다.

당신은 일상 속에서 몇 번의 기적을 체험하며 살고 있는가?

지금도 당신에게 기적이 일어나고 있음을 느끼고 있는가? 어느 드라마에서 시한부

선고를 받은 말기 암 환자가 이런 말을 했다.

"나에게 기적이 일어나기를 간절히 바라기는 했으나 나는 기적이 일어난 후 내가 무엇을 해야 할 것인지에 대해서는 생각해 보지 않았어." 지금 누리고 있는 평범한 일상이 누군가는 간절히 바라는 기적이지만 우리는 기적이라 생각하지 않는다. 그래서 대수롭지 않게 여기며 그냥 지나쳐 버리고 다른 기적이 일어나기를 소망한다.

나는 매일 운전을 한다. 이 일이 일어나기 전에는 사고 없이 운전하는 것이 당연한 일이라고 생각했다. 그러나 지금은 기적이 되었다. 돌이켜 보니 모든 순간순간이 기적이다.

오늘 그때의 상황을 떠올리며 푸드로 길 위에서 만난 기적을 표현해 보았다. 검은 김 위에 하얀 쌀밥을 깔아 도로를 만들고 도로 위로 쉴 새 없이 열심히 달리는 차들과 짧은 거리에서 나를 향해 마주 오고 있는 검정색 자동차, 그 속에 역주행하며 달리고 있는 나의 차를 노란 치즈로 표현해 보았다. 나는 푸드로 그 순간을 표현하면서 내가 살아온 삶을 돌이켜 보았다. 나의 인생도 이렇지 않을까? 앞만 보고 열심히 달리는데 내가 가고자 하는 반대 방향으로 가고 있지는 않은지?

더 멀리 가기 전에 지금 가고 있는 길을 점검해 보자. 그리고 기적이 일어나기만을 바라는 것이 아니라 기적이 나를 따르게 하자. 푸드로 표현한 기적의 날을 기억 속에 깊이 간직하여 삶이 지치고 힘들 때 기억을 꺼내어 감사와 희망을 가지고 나의 삶을 창조하자.

오늘 나에게 푸드표현예술은 '**기적**'이다.

술술 풀리는 시간

이영옥

〈매듭이 술술 풀리는 시간〉

어떤 일이든 술술 풀릴 것 같은 예감으로 강의실에 들어섰다. 모두 즐거운 얼굴로 맞이해 주니 기분이 한결 더 가벼워졌다. 푸우 님의 명강의를 기대하며 문우들과 이런저런 이야기로 서로 인사를 나눈다. 오늘의 푸드 주제는 술술 풀리는 시간으로 정했다. 토르티야 위에 빨간색 파프리카로 나를 중심으로 인간관계 모형을 만들어 보았다. 팽이버섯을 방사형으로 늘어놓고 나와 인연을 이루고 있는 사람들은 방울토마토로 표현했다. 토마토를 놓으며 며칠 전 전화를 했던 초등학교 동창을 생각했다.

거의 잊고 지냈던 친구인지라 처음엔 통화하면서도 얼굴이 떠오르지 않아 난감했다. 그런데 친구의 말에 의하면 나의 도움을 받았다고 한다. 청소 담당인 내가 미리 보내 줘 동생을 위험에서 구할 수 있어 정말 고마웠다고 했다. 그래서 등교 시 나의 책가방을 들어 주려고 집 앞에서 기다렸다는 것이다. 한참을 통화하며 시간을 되돌아 보니 그때의 기억이 새록새록 떠올랐다. 초등학교 시절은 누구에게나 그림 같은 추억으로 저장돼 있을 것이다. 동창과 이야기하며 나에 대한 기억이 좋아 다행이란 생각이 들었다. 그 친구에게 좋지 않은 모습으로 기억되었으면 어쩔 뻔했나. 타인에게 큰 상처를 주기에는 단지 몇 초의 시간밖에 걸리지 않지만, 그 상처가 아물기까지는 몇 년 아니 평생의 시간이 간다고 했다. 전화를 끊고 나니 나를 기억해 소식을 준 친구가 정말 고마웠다. 앞으로도 잘 살아야 되겠구나 하는 생각을 했다. 지금은 시간이 켜켜이 쌓여 초등생 어린아이를 60대로 훌쩍 옮겨 놓았다. 하루가 일 년이 되고 일 년이 일생이 되고 말았다. 오늘 하루도 몇 십 년 응축된 시간의 무게와 같은 날이다. 살아오는 동안 늘 풀어야 할 숙제가 많았다. 그 시간 속에서 풀지 못했던 것을 푸드 표현을 통해 풀어내는 시간이다. 마음의 고통을 자유로운 영혼으로, 이별의 슬픔을 재회의 기쁨으로, 미움을 사랑으로, 분노를 용서로 풀어내다 보면 해소되지 못한 문제들이 이해될 것이다. 고통, 이별, 미움, 분노를 등에 짊어지거나 가슴에 껴안고 살아가면 얼마나 힘들까? 육체적인 활동만이 생명을 소모하는 것이 아니라 심리적 활동도 똑같이 생명을 소모한다고 한다. 상대가 풀어야 할 매듭도 있을 것이다. 하지만 나 먼저 풀어 가야 삶이 가벼워지고 편안할 것 같다.

얼마 전 눈 수술을 예약하고 두려움과 걱정이 앞섰다. 가족이 걱정할 것 같아 알리지 않고 혼자서 끙끙 앓았다. 푸드 수업이 일정에 맞게 진행되어 수술과 겹치지 않아야 할 텐데 하는 이런저런 생각이 들었다.

그날 푸우 님께서 커피 가루로 난화를 해 보라고 제시하셨다. 어릴 때 모래밭에서 자주 놀던 원숭이 모양을 표현했는데 푸우 님께서 절규라 하셨다. 너무도 예리하신 통찰력에 섬뜩했다. '순간 머리를 스치는 뭉크의 절규란 말씀인가.' 지금도 그 시간을 잊을 수 없다. 나의 내면에 자리 잡고 있는 두려움과 절규를 읽으셨나. 집에 돌아와 『세계의 명화집』 중에서 뭉크의 「절규」를 다시 보았다.

그 작품은 '하나의 절규가 자연을 꿰뚫으며 지나가는 것을 느꼈다'라고 작가는 말한다. 다리 위에서 공포에 휩싸인 얼굴을 하고 절규에 두 손으로 필사적으로 귀를 막는 형상이다. 그 외침은 자신의 마음 내부에서 솟구치고 있었기 때문이라고 한다. 뭉크도 고난의 시간을 겪으면서 「절규」라는 명작을 탄생시켰다. 우리도 많은 고난과 시련을 견디며 살아간다. 윌리엄 제임스는 '뜻밖에도 우리의 약점이 우리를 돕는다.'라고 했다. 그렇다. 밀턴이 장님이었기에 때문에 더 많은 시를 썼으며, 베토벤도 귀가 먹은 후 더 훌륭한 음악을 작곡했다. 헬렌 켈러의 놀라운 생애도 시각장애와 청각장애, 언어장애라는 삼중고가 있었기에 가능했는지도 모른다.

그때의 풀리지 않는 매듭의 시간은 소중하면서도 무거웠다.

나는 수술 후유증으로 글쓰기를 하지 않기로 했다. 글을 보기가 힘들었다. 시간이 지나 모두 편집하려고 할 때 눈이 조금씩 나아져 6편을 한 달 만에 썼다. 준비되지 않아 글쓰기에는 시간 부족이었다. 지금은 차츰 눈이 좋아져서 무수한 시간 속의 하루가 소중하다. 누구나 가슴에 매듭이 있다면 풀어서 매끈한 삶이 되기를 바라본다. 고통 속의 시간을 술술 풀면 자유롭게 될 것이라고…

오늘 나에게 푸드표현예술은 '**매듭이 술술 풀리는 시간**'이다.

내 안의 긍정을 춤추게 하라

임미정

아주 이른 아침이다. 아니 시계를 보니 한밤중을 가리키는 시간이다. 잠에서 깬 양파의 몸과 마음은 천근만근이다. 어젯밤 피곤함에 일찍 취침한 상태라서인지 새벽 3시가 되기도 전에 기상했다.

D어린이집 휴지 신청 후 건물 전체를 비워 두었다. 그 기간이 길었나 보다. 긴 장마와 폭우로 지하 강당이 습해져 곰팡이가 생기고 악취가 났다. 온풍기로 내부를 말리고 오존 소독을 했다. 꽤 큰 비용을 지불하고 공사를 했으나 이게 끝이 아니다. '시공한 지 며칠밖에 안되었는데 또 공사를 해야 하나?' 하는 생각이 들었다. 강당 내려가는 마지막 계단 아래를 보니 어디선가 물이 샌 것처럼 습기가 많다. 새로 벽에 설치한 스피커를 보니 뽀얀 곰팡이가 또 피어난다. '어쩌면 더 큰 공사를 할지도 모른다.'라는 무거움이 가슴을 짓눌렀다.

갈등과 복잡함이 내내 뇌리를 흔든다. 해결해야 할 굵직한 일들이 세 갈래다. 이 모두 큰 바윗덩어리처럼 무게감이 있다. 이런 감정을 억누른 채 개운치 않은 기분으로 교육장을 향했다. 말하는 입도 무거워 대화를 나누고 싶은 의욕조차 없다.

강의는 치유 산타 님이 진행했다. 커피를 끓인 물에 타서 향기를 맡은 후 화선지에 표현하는 활동이다. 양파는 "내게 능력 주시는 자 안에서 내가 모든 것을 할 수 있느니라. 모두 잘될 거야." 하며, 무거운 마음을 쓸어내리며 활동에 참여했다.

'나비의 날갯짓은 긍정 정서가 있을 때 가능하지. 이러한 정서는 결과적으로 놀라우리만치 변화를 가져올 수도 있어. 움츠러드는 사고의 확장과 최상의 미래를 구축하고 회복력을 신장시킬 수도 있을 거야.'라며 바버라 프레드릭슨의 말을 몇 번이고 되뇌었다. 어느덧 양파의 나비에는 여러 가지 모양의 꿈이 꿈틀거렸다.

〈긍정마인드와 긍정의 눈〉

〈긍정 메시지〉

모둠 테이블을 보니 모두가 열중이다. 구름인간사슬, 새 생명, 사랑, 꽃향기가 커피와 어우러져 강의실이 행복의 향기로 가득하다. 푸드 학습공동체 멤버들이 주는 긍정의 메시지는 부정의 감정을 내리고 긍정의 감정을 업그레이드하기에 충분했다.

커피와 놀기. 힐링 되는 시간이었다. 아침의 힘들었던 감정은 서서히 변화되었다. 다음 활동으로 자신의 아픈 곳을 표현하는 시간을 가졌다. 아픔은 순간이라는 생각이 들었다. 감사와 사랑, 긍정의 마음을 표현하기 위해 단무지를 둥글게 자른 후 꽃을 표현했다. 마음이 한결 가벼워졌다. 강사님은 내가 표현한 것을 보시고 세 개의 긍정의 눈을 언급하셨다. 음. '역시 푸드표현예술치료 전문가시구나.' 내 맘을 꿰뚫어 보시는 것 같았다. 맞다. 양파는 세 가지 어려움을 긍정의 마음과 눈으로 바라보고자 했다.

다음은 카드를 이용해 자신의 감정을 읽어 보는 시간이다. 브라마쿠미리스 명상센

터의 빅춰 리얼리 마의 미덕 카드 두 장을 뽑았다. ‘직관’ 나는 모든 일 속에 흐르는 리듬을 감지하며 순수한 느낌에 따라 행동한다. ‘충실함’ 나는 내가 한 말에 충실하고 진실하며, 성실한 모습으로 행동에 옮긴다는 내용이다.

〈푸드 표현활동 후 환하게 웃는 양파의 모습〉

푸드학습공동체 멤버들한테 긍정의 글을 적어 붙인 달콤한 사탕을 선물받았다. 또 다른 포스트잇에 적어 준 긍정, 감사, 열정, 존경, 행복 등의 글을 커피로 물들인 화선지에 붙이니 알록달록 나비가 되어 훨훨 나는 것 같았다.

오늘 나에게 푸드표현예술은 ‘**긍정의 힘**’이다.

치유의 힐링

박설희

〈깨달음의 경지〉

만다라는 행자가 명상을 통하여 우주의 핵심과 합일하고자 하는 깨달음의 안내도이다. 산스크리트어로 본질(mandal) + 소유(la)로 이루어진 말이다. 즉, 우주의 본질이 가득한 바퀴를 말한다. 인도나 티베트, 네팔 근교에서 주로 활성화되었으나 그 문양의 특징적 형태들은 전 세계 대부분의 지역에서 모두 나타나고 있다. 한국에서도 전통문양을 보면 연꽃문양과 여러 대칭성 문양의 형태 등으로 나타나고 있으며 멕시코 고대 문명의 달력이라든지 기독교 문화에서도 만다라적 특성을 가진 그림들이 존재하고 있다. 이것은 인류의 오래된 종교적 상징 중 하나의 형태라고 볼 수 있으며 분석심리학의 창시자인 카를(칼) 구스타프 융이 주장한 개념으로써, 심리치료의 한 기법이기도 하다.

힌두교, 불교, 도교 등의 동양종교와 연금술과 같은 신비주의적인 사상을 비롯하여,

중세 그리스도교의 예수, 장미, 십자가 그림 등에는 공통적으로 하나의 중심을 둘러싸고 있는 순환적인 원형 혹은 정사각형의 형태가 공통적으로 발견되는데, 융은 이러한 그림들이 무의식의 의식화 과정을 통해 형성된 통합적인 인격을 상징한다고 보고 이를 만다라라고 불렀다. 융 자신도 이러한 만다라 그림들을 그리면서 내적 균형을 잡아 가기도 하였으며 그것을 의식과 무의식의 통합과정으로서 진정한 자신을 찾아가는 중요한 과정으로 보았다. 이는 현대 심리치료에서도 계승되어, 현대에 와서 이 만다라 기법을 미술치료, 놀이, 수행 및 안정 등을 위해 다양한 방면에서 사용하고 있다.

그 이유는 만다라의 참됨을 알고 본질을 원만히 하는 것은 자신의 참 모습을 스스로 내다볼 수 있게 해 주고 정신을 집중하고 동시에 이완할 수 있어 불안감이 사라지고 긴장이 완화되어 더없는 마음의 안정과 편안함을 가져다주기 때문이라 본다.

전문가 과정 집단상담 2일 차 과정으로 나를 위한 힐링의 시간 "만다라" 만들기를 하였다. 산타 치유 님이 들려주는 잔잔한 음악을 들으면서 오로지 자신에게 집중하고 마음을 가라앉히며 분열되었던 것을 모아 본래의 나 자신을 돌아보는 시간을 가졌다. 자신에서부터 점차 가족, 친구들, 동료들, 더 나아가 우리나라까지 확장시켜 나 자신의 존재를 바라보았다. 그런 후 여러 가지 마른 재료와 과자류를 이용해 만다라 문양의 빈 곳을 채워 나가기 시작하였다. 서로 각자 모두가 나 자신만의 소리를 들으며 자신의 마음을 만다라 문양에 표현하였다. 작업을 하는 동안 산타 치유 님이 말씀해 주셨다. 만다라의 원은 동서고금을 막론하고 모든 사람에게 만족감을 주는 형태이며 만다라 작업을 하면서 원이 채워지는 만족의 순간을 충분히 느껴 보라고 하였다. 원의 모양을 여러 마른 재료를 이용해 표현을 하는데 뭔가 모를 나의 몸 안에서 기운이 느껴지는 걸 알았다. 아! 이게 바로 이 세상으로부터 자신의 존재의 의미를 알게 함으로써 성장의 기회를 주는 거구나! 만다라가 주는 치유의 힘이 아닐까 생각된다.

만다라 작업을 끝낸 후 초를 이용해 불을 밝히는데 뭔지 모를 가슴속의 뭉클함이 일어났다 "너 지금까지 열심히 잘 살았구나. 그래, 수고 많았어~ 설희야!" 초에서 흔들거리는 불빛들이 나에게 말을 건네는 느낌이었다. 지금까지 나를 알아 주는 친구나 가족과 또 다른 느낌이라고 할까? 나의 가슴속에 존재하고 있는 또 다른 자아가 나에게 용기와 희망을 주는 메시지라고 생각된다. 그러면서 다짐을 한다. 나 자신과의 목표점을 도달하기 위해서는 자신이 주는 메시지에 귀를 기울이며 하고자 하는 일에 타협을 하고 용기를 가지며, 사랑도 주며, 영원히 함께하자고 말이다.

나에게 푸드표현예술은 '**자유로움**'이다.

내 힘을 빼면 기적이 보인다

심재영

맑은 가을 하늘이 너무 예뻐서 하늘만 쳐다보고 걸었다. 어쩜 저렇게 예쁠까! 비늘처럼 퍼져 있기도 하고 뭉게뭉게 모여서 하늘 춤을 추는 것 같기도 하고 구름들이 떼를 지어 줄을 서서 가는 모습처럼 보이기도 한다. 구름 저 넘어 파란 하늘은 시리도록 푸르다. 우주 공간에 수많은 별들도 저 하늘이 감싸고 있구나 싶어 경이롭고 감동적이다. 어릴 적 앞마당 평상에 누워서 수많은 별들의 찬란함을 감상하던 그때는 "별 많다. 저기는 황소자리, 저기는 북극성, 페가수스..."라고 손가락으로 가리키며 그렇게 놀이처럼 바라보았다. 밤만 되면 언제나 볼 수 있었던 수많은 별들, 칠월 칠석 견우와 직녀를 만나게 하는 다리라고 여겼던 은하수도 언제나 밤하늘 고개만 들면 볼 수 있었는데… 언제부터인가 이제 그 수많은 찬란함은 보기 힘들다. 드문드문 보이는 밤하늘의 빛… 그것마저 볼 수 없을까 안타깝다.

하루를 살고 살아가면서 느끼는 수많은 생각, 말, 무수한 움직임들이 오늘은 왜 이리 좋은가? 살아 있음에 이 모든 것을 느끼고 있는 것이 아닌가? 그러니 매일의 삶이 기적이다 싶다.

푸드 표현을 통한 자기 탐색의 시간에 수박 한 덩어리가 우리 앞에 놓였다. 내게 기적이 일어나길 바라는 상황을 상상하여 표현하도록 하는 시간, 즉 다른 차원으로 문제를 바라보는 긍정의 말, 긍정의 행동, 문제 해결의 창의적 해결 방법이라고나 할까? 어쨌든 푸드 매체는 수박이다. 통통 두들겨 본다. 소리가 난다. 모든 것은 부딪히면 소리가 난다. 톡톡 툭툭 칭칭 탁탁 택틱 퍽퍽 샤샤 등등등…. 참 소리가 많다.

사람도 모두가 다른 목소리다. 참 신기하다. 소리를 듣고 누군지도 알아맞힌다. 우와~대단한 능력이다. 하지만 우리 모두는 당연한 걸로 안다. 정말 대단하고 기적 같은 창조의 놀라움인데 말이다.

〈긍정 에너지〉

커다란 수박을 잘랐더니 빨간 속살을 드러낸다. 초록에 검은 줄무늬 아닌 검정에 초록 줄무늬 속에 이런 반전의 색이 들어 있다. 까만 아기씨들을 품고 말이다. 일단 맛있게 먹어 보자 하며 한입 먹어 본다. 달달하다. 시원함이 전해진다.

조이는 수박 뒤쪽 부분을 가지고 와서 가만히 들여다보았다. 수박의 꽃말은 큰마음이라고 한다. 사과 하나 복숭아 하나 혼자 먹을 수 있지만 웬만한 수박은 쩍쩍 잘라서 놓으면 수많은 사람이 먹을 수 있지 않은가? 딱 맞는 말 같다. 커다랗고 빨간 동그라미 옆으로 초록색 담은 흰색 부분이 수박 속살을 보호하고 있는 근육 같다. 칼을 잡고 삐죽삐죽 잘라 보았다. 태양 같기도 하고 꽃 같기도 하다. 빨간 동그라미 속에 작은 동그라미를 잘라 놓아 본다. 눈도 되고 볼에는 또 다른 작은 태양이 생겼다. 작은 손도 만들어 놓아 보았다. 끝자락에는 까만 씨앗을 바깥쪽으로 보이게 놓았고 바깥쪽에는 수박 껍질을 세모 모양으로 잘라서 안쪽으로 향하게 놓아 보기도 했다. 그리고 조이의 내면의 소리를 들어보았다.

기적은 뭘까? 내 힘을 빼는 것이다. 몸에 힘이 들어가면 어느 순간 몸이 점점 뻣뻣해지듯 이상신호가 온다. 몸에 힘을 뺄 때 몸이 부드러워지는 것처럼 먹음직도 하고 보임직도 하고 지혜롭게 할 만큼 탐스럽기도 하다 할지라도 그것이 내게 유익이 아니라면 그것에 힘을 빼야 한다.

수박 껍질을 세모로 놓아 본 것을 보니 다른 에너지가 바깥으로부터 조이 내면으로 힘을 모아 주고 있는 것 같다. 그럴 때 조이는 두 손을 흔들며 반긴다. 공급받은 힘으로 환하게 웃을 수 있다. 두 볼에 가득한 소망의 빛이 조이의 내면을 밝히고 또 다른 생명의 빛이 되어 비추고 있는 것이다. 이것이 조이가 기적 같은 하루를 살아가는 방법이자 문제를 해결해 나가는 방법이다.

푸드로 작품을 만들어 심상을 조용히 나누어 보면서 조이는 생각한다. 아주 작은 씨앗 한 알이 수많은 열매를 맺는 것을 보면서 생명의 소중함을 느끼며 삶의 의미를 찾는 이도 있다. 밤하늘의 별들을 보면서 희망을 찾는 이도 있고 아주 작은 손바닥만 한 구름을 보고는 가뭄에 비를 기대하는 이들도 있다. 아주 작은 꼬맹이의 대소변을 도와주면서도 누군가에게 도움을 줄 수 있는 존재구나 하며 존재 가치를 찾는 이도 있다.

다른 이에게는 아주 작은 것이지만 또 다른 이에게는 큰 꿈이 될 수 있는 이 모든 것들이 소중하다. 그래서 하루하루가 기적인 것이다. 오늘 하루도 기적으로 살고 있는 모든 이에게 박수를 보낸다. 그렇다면 기적으로 살고 있는 이 순간이 지나면 형언할 수 없는 또 다른 기적이 있음을 모두가 다 알까? 조이는 모두가 또 다른 기적의 시간을 경험하길 간절히 바라본다.

오늘 나에게 푸드표현예술은 '**작은 것의 기적**'이다.

모든 것을 귀하게

김경화

금요일이면 꼭 보는 프로그램이 있다. 베테랑 육아 전문가들이 출연해서 부모들에게 육아법을 코칭해 주는 「금쪽같은 내 새끼」이다. 이번 주는 전 농구선수인 전태풍 씨 가족이 출연해 육아 코칭을 하는 시간이다. 그 가정은 아주 건강하고 활기찬 가족들이었다.

엄마는 둘째 딸에게 스케이트를 타기 전 이름을 불러 주고 재밌게 놀자고 격려했다. 자세한 설명을 한 엄마는 코칭 선생님인 오은영 박사께 칭찬을 받았다. 아빠는 아이들과 함께 놀아 주기도 하고 놀이 도중 칭찬과 격려를 아끼지 않았다. 추석이 되어 친척들이 함께 모인 자리에서 그들의 고민들을 이야기했다.

그 고민은 다름 아닌 자녀들의 피부 색깔이었다.

그들 부부는 한국인이었다. 아빠는 미국인, 어머니는 한국인이였다. 전태풍 씨는 농구를 하면서 깜둥이라는 소리를 많이 들었다고 한다. 그의 아내 역시 어린 시절 놀림을 받아 그녀는 이방인이 아닌 한국인으로 인정받는 꿈을 가졌다고 한다. 인터뷰 중에 둘째 딸도 제일 싫어하는 것이 뭐냐고 물어봤을 때 자기 피부 색깔이라고 했다. 그래서 어떤 날은 하얀 화장품을 바르고 까만 피부가 싫은 것을 표현했다고 한다. 그 말을 들은 부모님이 마음 아파하며 눈물을 흘렸다. 여전히 이런 모습을 보면 피부색에 대한 편견을 볼 수 있다. 물론 피부색에만 이런 편견이 있는 것은 아닐 테지만… 분명 전태풍 씨 가족들은 건강하게 잘 이겨 내리라 본다. 전태풍 씨는 놀림 받은 큰아이에게 가족의 뿌리를 설명해 주며 "넌 최고"라고 격려해 주었다. 부모의 양육 태도는 한 사람이 살아가는 데 있어서 큰 영향을 미친다. 아이에게 어떤 말을 하고 어떤 자극을 주느냐에 따라 자신을 존귀한 존재로 여기기도 하고 그렇지 않으면 자존감이 낮아 자신을 무가치한 존재라고 비하하고 열등감 속에 갇혀 스스로 불행을 자초하기도 한다. 피부색과 상관없이 모든 생명을 귀하게 존귀하게 여겨야 한다. 나를 한번 되돌아보면서 7월 말에 했던 푸드 표현 1급 과정이 불현듯 생각이 났다.

축복의 통로는 푸드 표현을 통해 자기 탐색의 시간을 가졌다. 그날은 좀 특별하게 장소를 이동해 자연과 만나 소통하는 시간을 가졌다. 점심을 먹은 뒤라 나른하여 잠이 왔는데 잘 되었다고 생각이 들었다. 좀 덥기는 했지만 가벼운 산책을 하기 시작했다. 주변 공원을 산책하는 동안 삼삼오오 벤치에 앉아 대화하는 사람들, 초록 나무들과 반갑게 인사도 나누고, 바닥에 있는 돌멩이들과도 인사를 나누는 중, 이름 모를 노란 꽃이 눈에 들어왔다. 바닥에 뽑힌 채 있었지만, 왠지 한눈에 선명하게 들어오는 것이 아닌가. 너무 예뻤다. 보라색 꽃도 강아지풀도 여기저기 흩어진 낙엽들도 '저요, 저요!' 하고 만나서 반갑다며 인사를 하는 것이 아닌가.

난 그 친구들을 모두 강의실에 데리고 왔다. 푸우님은 우리들에게 색 8절지를 선택하라고 했다.

난 생명의 색 연두를 선택했다. 그리고 자연물들을 손이 가는 대로 하나씩 하나씩 나열했다.

특별하게 꾸미지 않아도 소중하지 않은 것이 없다. 각양각색의 자연물들이 아름답게 조화를 이루었다.

〈자연의 귀중함〉

그 위에 구름을 표현하기 위해 식빵을 살짝 올렸더니 괜찮았다. 참으로 이 세상에 자연물들도 다 귀한데 하물며 사람이 귀하지 않겠는가!

"한 생명이 천하보다 귀하다"고 했는데 이제 축복의 통로는 결심한다.

모든 생명을 귀하게 여기며 존중하자고!

오늘 나에게 푸드표현예술은 '**존중**'이다.

네 가지 말의 힘

신시옥

내 안에는 수많은 기억이 담겨 있다. 그중에 안 좋은 기억들이 떠오르면 아쉬워하고 후회하며 불면증에 시달리기도 한다. '호오포노포노'는 고대 하와이인의 자기 치유법이다. 세상의 변화는 먼저 나 자신부터 정화될 때 다른 사람에게도 영향을 미쳐 깨끗해지고 만사가 알아서 잘 돌아간다고 한다.

푸드 표현을 통해 내 속에 있는 기억을 정화하는 실천을 매일 조금씩 하고 있다. 마음이 한결 가벼워지는 느낌이다. 푸드 표현으로 자연의 선물인 당근, 방울토마토, 파프리카, 케일, 대파, 보라색 양배추, 겨자 등을 선택해서 마음 가는 대로 나비를 표현했다. 초록 케일과 적색 갓으로 날개를 달고 여러 가지 채소로 알록달록 몸통을 만들었다. 방울토마토로 눈을 얹으니 부활하여 비상하는 나비가 되었다. 알을 깨고 나온 애벌레는 네 번의 허물을 벗은 후 딱딱한 번데기로 죽은 듯이 있다가 나비로 다시 탈바꿈한다.

나의 인생도 나비의 한살이와 비슷하지 않을까? 엄마 뱃속에서 응애! 하고 존재감을 드러내며 태어났다. 영유아기, 청소년기, 성인기, 장년기, 노년기 동안 생애 주기마다 허물을 벗고 성장을 거듭한다. 주어진 과업을 완수한 후에는 번데기처럼 육신의

〈부활 나비〉

옷을 벗고 탈바꿈하여 부활한 영혼은 천국에 간다.

집단으로 심상을 나누는 시간에 나비의 더듬이 위에 파프리카를 얹어서 나비가 너무 무거워 보인다고 말했다. 나의 무의식 속에 나를 무겁게 짓누르는 것은 무엇일까? 건강에 대한 염려라는 생각이 들었다. 나는 뇌종양을 지니고 산다. 손을 댈 수 없는 곳이라서 그냥 무시하고 살다가도 두통이 오면 초긴장하게 된다. 무겁고 빨간 파프리카를 덜어 내었더니 움츠렸던 나비가 날아오르듯 나도 자유롭게 날고 싶다는 생각이 들었다.

한 번뿐인 유한한 인생이니 현재의 삶을 소중하게 여기며 지혜롭게 살아야겠다는 통찰을 하였다.

'호오포노포노'는 '사랑해요', '감사해요', '미안해요', '용서하세요'라는 네 가지 말의 힘을 이용한다. 용서와 화해를 통해 인간관계를 회복하고 자신을 정화한다.

'사랑해요', '수만 번 들어봐도 기분 좋은 말'이라는 노랫말 가사처럼 세상에서 가장 아름다운 말이다.

나는 유교적인 문화 속에서 자라나 단 한 번도 "사랑해요"란 말을 들어 본 적이 없다. 그래서 '사랑해요!'라는 표현이 어색하기만 했다. '표현되지 않은 사랑은 아무 소용이 없다'라는 사실을 사랑하는 사람을 떠나보내고 나서야 절감하게 되었다. 지금은 기회가 주어질 때마다 가족과 어린이집 아이, 지인들에게 자주 표현한다.

'감사해요'는 세상에서 가장 행복한 사람이 사용하는 말이 아닐까? 성서에는 '범사에 감사하라'고 했다. 좋은 일에만 감사하지 말고 궂은일에도 역경 중에도 실패한 중에도 감사할 조건을 찾아 감사할 때 불평이 떠나간다. 매일 '감사일기'를 써 보려고 한다. 아침에 눈을 뜨면 하루를 선물로 주신 하나님께 감사기도를 드린다. 저녁에 잠들기 전에는 하루를 무사히 마치게 해 주심을 감사드린다.

'미안해요'라는, 변명하고 합리화하고 남의 탓을 하고 싶어 하는 유혹을 물리치고 정직하고 진솔하게 하는 이 한마디가 좋은 인간관계를 만든다. 오해로 소원해진 친구에게 내일은 전화를 걸어 "친구야! 오해해서 미안하다"고 고백해야겠다.

'용서 하세요', 용서는 자신을 위한 것이다. 잘못을 인정한다면 미루지 말고 용기를 내어 용서를 구하자. 그리고 나에게 상처를 준 사람이 있다면 용서하자. 그래야 마음이 힘들지 않고 평안을 누릴 수 있다. 친정 오빠가 한 말이 마음에 상처를 내어 지금까지 아물지 않아 아픔으로 남아 있다. 이 글을 쓰며 용서하고 싶다는 마음이 부어진다. "오빠! 진심으로 한 말이 아니리라 믿어요. 지금 용서합니다."

세상에서 가장 소중하고 필요한 네 가지의 말을 지금부터 일상생활 속에서 자주 말하고 실천해 보려고 한다.

나에게 푸드표현예술은 '**정화**'이다.

환상의 하모니

김지윤

사람은 누구나 마음의 상처를 가지고 안고 살아간다. 하지만 상처를 줄 권리는 누구에게도 없다. 상처…. 뼈가 부러지고 살이 찢기면 붙이고 꿰매면 되지만 마음의 상처는 치유가 쉽지 않다. 특히 가족으로부터 받은 상처는 더 그렇다.

푸드매체로 내 안의 상처 치유와 돌봄에 대한 주제로 나의 상처 바라보기 - 상처받은 나를 표현하는 시간을 가졌다. 순간 나도 모르게 친정엄마를 떠올렸다. 엄마와 그동안 “사랑해!”, “고마워!” 하며 모녀간 사이가 좋았던 때와 엄마와 큰소리로 말다툼을 하고 서로가 냉랭했던 때가 생각나서 깻잎으로 나의 감정이 두 갈래로 나누어진 것을 표현하고 있었다. 엄마는 곧 팔순을 내다보신다. 몇 년 전부터 노인대학이나 보건소에 건강 백 세 프로그램에 참여하시면서 거기서 배운 대로 자식들에게 통화하시면서 “사랑한다”는 표현을 자주 하셨다. 처음에는 당황해서 “네! 엄마 나도~~”라고 말했다. 엄마는 용기 내서 말하셨을 텐데 자식인 내가 부끄러워 말도 못 하다니…. 그다음에는 적극적으로 표현을 해 주었다.

〈두 갈래의 마음〉

〈화해와 조화의 비빔밥〉

몇 년 전 아버지 생신 때 있었던 일이다. 대가족이 모여 아버지 생신상을 차려 드리기 위해 친정집에 모였다. 원래는 엄마 아버지 생신일 때는 형제들이 돌아가면서 각자의 집에서 가족들을 모두 초대해서 생신상을 차려 드렸다. 친정집에 모이게 된 것은 엄마가 봄에 무릎 수술을 하시면서 재활 치료까지 병원에서 오랫동안 고생을 하셔서 집에서 하고 싶다고 하셔서 그렇게 된 것이다. 가족들과 저녁을 먹고 물티슈를 여러 장 뽑아서 식탁을 닦고 있었다. 평소에 집에서 물티슈, 곽티슈를 막 뽑아 쓰는 내 습관이 친정집에서 꼬리가 밟힌 것이다. 엄마는 갑자기 "물티슈도 하나 사 주지 않는 녀석이 아껴 쓰지 않고 그렇게 많이 뽑아 쓰면 어떡하냐? 니 올케언니는 올 때마다 사다 주는데..."라며 큰소리로 역정을 내셔서 나도 모르게 당황하였다. 올케언니 앞에서 친정엄마가 뭐라고 하시니 딸인 나는 자존심이 너무 상해 이까짓 거 얼마 하냐고, 엄마는 딸보다 물티슈가 더 소중하냐며 나도 서운해서 받아치고 말았다. 이상하게 엄마가 평소와 다르게 물티슈는 핑계이고 나한테 뭔가 화가 단단히 나신 것 같았다. 알고 보니 최근 엄마가 병원에 입원 중이실 때 자주 찾아오지 않은 것에 많이 서운해 있었고, 급기야 어버이날에도 자격증 시험이 있어서 못 갔는데 그런 서운한 감정이 쌓여 있었던 모양이다. 어르신들이 많은 다인실 병실에서 누구 집 자식은 자주 오니 안 오니 이런 말들이 나오면서 내가 비교 대상이 되었던 것 같다. 엄마의 입장도 이해는 되지만 그때는 나도 너무 서운하고 속상했다.

푸드 매체를 통해 나는 과거에 엄마와의 갈등이 있었던 아픈 경험을 표현하고 그 안에 '우리 엄마잖아…', '날 낳아 주신 분인데…'라는 화를 내어 미안했던 마음 등이 스쳐 지나가면서 내 안에 내재되어 있는 긍정적인 의도를 찾아보게 되었다. 각자 내 안에 상처를 보듬고 표현한 작품을 이번에는 한솥밥 공동체로 넓은 그릇에 밥을 깔고 예쁘게 모양을 내어 다시 새로운 작품을 만들었다.

한 사람 한 사람 과거의 아픈 경험이 긍정적인 정서와 좋은 관계로 변화하였고 앞으로 행복한 삶, 웰빙의 삶으로 멋진 비빔밥으로 재탄생되면서 환호성을 질렀다.

작품을 보니 이미 상처가 다 치유되었다는 듯 빨간 비트로 사랑이 넘치는 심장을, 깻잎으로 날개를 표현하고 각종 채소로 어우러진 모습에서 활짝 웃는 긍정의 에너지가 느껴졌다. 밥과 채소에 참기름과 고추장을 넣고 비비면 함께 어우러지듯이 각각의 마음이 합쳐질 때 비로소 더 큰 목표나 성과를 낼 수 있다는 것을 느꼈다.

푸드 표현을 통해서 언제 어디서나 내 안의 긍정 에너지를 발산할 수 있도록 매일 긍정의 주문을 외우는 일상이 되도록 해야겠다.

우리는 부부, 가족, 친구, 사회 등 다양한 관계 속에서 살아가고 있다. 긍정적인 좋은 관계는 행복과 웰빙의 핵심 요소이다. '빨리 가려면 혼자 가고 멀리 가려면 함께 가라!'라는 말이 있다. 환상의 하모니는 혼자서 이루어질 수 없다. 나 너 우리가 모두 다 같이 함께 나아가야만 멋진 협주곡을 연주할 수 있다.

오늘 나에게 푸드표현예술은 '**치유의 힘**'이다.

이 또한 지나가리라

임미정

〈치유와 승화〉

어린이집 학부모와 ‘그림책 마음으로 읽기’ 동아리 활동이 있었다. 이때 만난 『대추 한 알』이 있다. 대추 한 알, 저게 저절로 붉어질 리는 없다. 저 안에 태풍 몇 개, 저 안에 천둥 몇 개, 저 안에 벼락 몇 개, 저게 저 혼자 둥글어질 리는 없다. 저 안에 무서리 내리는 몇 밤, 저 안에 땡볕 두어 달, 저 안에 초승달 몇 날. 대추 알 속에 들어 있던 것들이 양파의 삶 속에도 스며들어 태풍과 벼락을 맞고, 땡볕을 쬐어야 하는 날들이 있었다. 갈등과 고민에 잠 못 이루던 날과 잠을 자고 싶어도 잘 수 없는 날들이 많았다. 대추 한 알은 마치 양파가 살아온 날들을 보여 주는 것 같았다.

이 책을 쓴 장석주 시인은 말했다. 가지 끝에 달린 붉고 둥근 탐스러운 대추 한 알. 그것은 저 혼자 저절로 붉어지고 저 혼자 둥글어질 리 없다고 노래했다. 책 나눔을 하며 내 마음을 울컥하게 했던 내 인생의 그림책 중 한 권이다. 몇 줄 안 되는 짧은 내용 속에 긴 이야기가 담겨 있었다.

지난 세월을 돌이켜보니 그간의 일들이 파노라마로 펼쳐졌다. 가난으로 중학교에 진학하지 못한 양파는 내가 갖지 못한 것들을 갖고 싶었다. 학교에 다니고 싶었다. 단정한 교복과 새 가방을 갖고 싶었다. 달리기를 잘했던 양파는 운동도 하고 싶었다.

주경야독하는 기간이 길었기에 어렵고, 지치고, 힘들어 쓰러지려고 할 때가 있었다. 그럴 때마다 '이 시기가 지나면 분명 좋은 날이 있을 거야.' 하며 실낱같은 희망을 붙잡고 안간힘을 쓰기도 했다. 그땐 힘들어 눈물 훔치는 날도 있었다. 하지만 지나고 보니 별것 아닌 것으로 힘들어했던 것 같다. 한편으로는 '정말 참 잘 견뎌 냈구나.' 하며 토닥일 때가 있었다. 연녹색 대추가 계절을 몇 번 지내오며 빛깔 고운 열매가 되기까지는 인내의 시간이 필요했던 것이다.

3월, 4월의 꽃샘추위가 지나면 포근한 5월이 온다. 이렇게 어김없이 계절이 오고 가는 것처럼 우리 인생도 일상에서, 사람과의 관계에서 어렵고 힘든 날이 지나고 나면 좋은 날, 행복한 날이 눈앞에 다가온다.

지난해는 가슴을 짓누르며 중압감을 느끼게 한 일이 많았다. 나를 아는 사람들은 우스갯소리로 '3재가 있는 해인 것 같다.'라고 얘기하곤 했다. 15년 동안 잘 운영해왔던 경영체 하나가 삐걱거리다 넘어져 혹독한 경제적 추위를 경험해야 했다. 이 손실은 상상외로 커 양파를 휘청거리게 했다. 이와 함께 본인의 의도와는 다르게 타인에 의해 발생해 가슴 졸이게 한 일은 한동안 멍 때리는 순간들과 마주하게 했다. 바윗덩어리가 굴러와 '쾅팡빡'하고 내리쳐 서른 해 가까이 쌓아 온 공든 탑을 무너지게 했다. 충격이었다. 밥을 먹을 수가 없었고 제대로 된 수면을 이룰 수가 없었다. 사람을 만나는 게 두렵고 무서웠다. 퇴근 후 주차장에 주차를 하고 집에 갈 때에는 나도 모르게 좌우를 살피는 습관이 생겼다. 두리번거리며 주변을 살폈다. 발걸음을 재촉하며 무서움에 떨었던 어릴 적 기억마저 떠올랐다.

밤이 되면 부모님께서는 마루에 나가 마루 끝 한 귀퉁이에 자리하고 있는 흰 요강을 가져오라고 했을 때 어찌나 무섭던지. 방문을 열고 들어올 때 누군가 내 발목을 덜컥 붙잡을 것만 같은 그 무서움이 온몸을 움츠려들게 했다.

늦은 시간에 귀가할 일이 있을 때는 퇴근 무렵부터 걱정되었다. 가족에게 전화해 주차장까지 마중 나오게 했다면 아무도 믿지 않을 것이다. 이것뿐만이 아니었다. 오랫동안 꿈꿔오던 주거환경으로 이사를 해 기뻐하고 즐거워야 할 상황이었지만 나의 감정은 모두 어둡고 무거운 느낌의 진회색이었다. 나와 같은 상태일 때 죽음의 길을 선택했던 보육교직원들의 사연이 뇌리를 스칠 때는 지그시 눈을 감고 긴 들숨과 날숨을 반복하며 마음을 가다듬고자 했다.

이즈음 말레이시아 코타키나발루 산 등반 때 당한 골절사고 이후 차츰 회복되어 가던 발은 잦은 움직임으로 다시 퉁퉁 부어 악화일로에 있었다. 바닥에 털썩 주저앉아 펑펑 울고 싶을 때가 있었다. 하지만 이대로 주저앉을 수는 없다고 다짐했다. 그것은 '어떤 일이든 해낼 수 있어.'라고 믿는 자존감과 자아 효능감, 회복탄력성의 결정체였다. 이를 기반으로 강점이라 여기는 '긍정 마인드 운전대'를 꽉 잡고 다시 한 번 돌렸다.

양파는 마음을 모으고 손가락 다섯 개를 쫙 펼쳤다. 손가락 하나 아프다고 손을 쓰지 않아서야 되겠는가. 손가락의 상처와 아픔이 있을지라도 손을 쓰지 않을 순 없지. 이대로 호흡을 멈출 수는 없지. '시간이 지나면 이 아픔은 분명 사라질 거야.', '이 또한 지나가리라.'라는 말로 위로하곤 했다. 이것은 보약처럼 약효가 있었다. 어려운 상황이었지만 집필 중이던 『아가야 응가 하자』를 출간할 수 있었다. 긍정 언어인 '이 또한 지나가리라.' 이것은 여덟 글자로 된 짧은 문장이지만 인내와 마음을 다짐하게 한다. 마음의 위로가 되며, 희망을 주는 참으로 감사한 말이다. 산산조각 부서져 공중 분해될 것처럼 위태로웠던 양파의 삶을 일으켜 주었다. 이를 회상하며 푸드 표현을 했다.

초록의 깻잎은 안정된 환경을 말한다. 이러한 환경에서 늘 최선을 다했다. 소박한 꿈이 있었으며 그 꿈들은 동글동글 많은 열매를 맺었다. 오이와 당근으로 경험한 일과 결실을, 피망과 비트를 잘라 어린이집을 표현했다. 어린이집에 고추처럼 맵고, 경제적 손실을 입게 된 어두운 일이 생겼다. 이러한 시간은 성찰하는 계기와 희망을 갖게 했다.

살얼음판을 걷는 듯한 일상이 평정을 찾아가고 있다. 눈을 뜨면 침대에 누워 200회 이상의 스트레칭을 하며 하루를 열수 있음에 감사한다. 입안의 텁텁함을 맑게 하고자 양치를 하고, 250리터의 물을 반복해 마시며 건강을 다진다. 스탠드를 켜고 책상에 앉아 선물 같은 하루를 주신 주께 감사 기도를 드린 후 15분 모닝 페이퍼를 쓰기 위해 펜을 든다.

푸드 매체로 작품을 만든 후 끄집어내고 싶지 않았던 아픔들을 표현했다. 심상을 나누고 셀프 저널을 썼다. 이를 기초해 긴 글을 쓰는 지금, 양파를 힘들게 했던 아픔의 색깔들이 점점 희석되어 가고 있다.

오늘 나에게 푸드표현예술은 '**치유이며 승화**'다.

다양함 속에서 오는 자유로움

심재영

사람마다 각자에게는 자기만의 기준이 있다. 자기와 비슷한 기준을 가진 사람과는 친근감과 공감도가 많이 형성되고 그렇지 않다면 조금의 벽을 만들어 간다. 조이에게도 자기만의 기준이 있고 어떤 선이 있다. 어떤 상황에 의견충돌이 생길 때 표정에서 행동에서 평소와 다른 모습이 나타나지 않는가?에 대해 생각해 본다.

젊은 혈기가 한창일 때는 자기 의견에 누군가가 반대 의사를 내면 왠지 자존심이 상하고 나의 의사를 관철하기 위해 많은 말들을 쏟아 내며 대항하던 때도 있었다. 같은 색의 가치관을 추구하고 다른 색의 가치관에 대해서는 일정한 거리와 잘못되었다는 생각이 지배적이었던 것 같다. 많이 성숙되지 못한 지난날을 돌아보니 얼굴이 뜨듯하다.

푸드표현전문가과정을 진행하면서 자신과의 만남의 시간을 가졌다.

푸드로 표현하고 놀면 치유의 기쁨이 있다는 배경 속에서 진행된 푸, 놀, 치의 시간. 다양한 과일과 채소가 펼쳐져 있다. 조이는 다양한 색깔의 채소와 과일을 담아 보았다. 자연의 색깔은 언제나 매력적이고 예쁘다. 아직 딱딱해 보이는 키위를 잘라 얼만큼 새콤할까 생각하며 한입 먹어 보았는데 딱딱한 것치고는 의외로 달콤하고 맛

있었다. 옆자리에 계시는 원장님도 "보기와는 다르다. 맛있다"라고 말씀하신다. 그래! 보는 것과 맛을 보는 것은 다르다. 키위는 딱딱하면 너무 새콤해서 먹기 힘들다. 키위는 말랑말랑 익어야 달콤하고 맛있다는 생각을 하고 있었는데... 그렇지 않은 것도 있는 것이다. 다 그런 것은 아니었다.

오이를 잘라 눈을 만들고는 눈 주위에 작은 동그라미들을 붙여 본다. 눈이 엄청 많아졌다. 사람은 이 눈으로 세상을 바라본다. 다양한 색을 보고 다양한 사람을 보고 자연을 보고 또한 좋아하는 것, 좋아하지 않는 것도 본다. 조이는 눈이 나쁘다. 평소에는 안경을 쓰지 않지만 정확하게 보기 위해서 안경을 쓸 때가 있다. 이 크고 작은 눈들을 보며 조이는 주어진 환경에서 보이는 수많은 모습과 일어나는 현상들을 이젠 조이가 알고 있는 시선에서만 바라보지 않으리라 생각하여 본다. 안경을 쓸 때와 쓰지 않을 때가 다른 것처럼 모든 것이 다 같을 수 없기에 인정하며 나아가야 함을 알아 간다.

〈다양함의 수용〉

머리카락 밑으로 작은 고추씨도 뿌려 보았다. 머리 가득 오늘 할 일이 복잡하게 얽혀 있지만 이제는 많은 일들이라 생각하지 않기로 했다. 나에게 주어진 역할과 일들을 다양한 각도에서 바라보며 여러 가지 색깔이고, 오늘 하루를 살아가며 맺히는 맛깔스런 열매라고 생각하리라.

다양한 소리를 듣고 다양함을 수용하고 느끼기로 생각하며 조이는 노란 파프리카를 잘라 붙인 귀에 옥수수수염을 펼쳐서 꽂아 보았다. 세상에 듣고 싶은 말만 듣기만을 원하지 않으리라. 어떠한 소리든 수용할 마음의 자세가 된 것 같다. 얼굴 밑에는 알록달록 다양한 색의 채소를 가득 놓아 보았다. 조이가 경험하고 생각하고 느끼는 것만이 모든 것이 아님을 알고 세상에 수많은 다양함에 눈과 귀를 열어 본다면 더 넓은 세상의 옷을 입을 수 있으리라 생각하며 말이다.

이렇게 작은 작품에 다양한 의미를 부여할 수 있음에 감사하며 창문 너머 하늘을 보며 양팔 크게 벌리고 숨 한번 내쉬며 조이 자신에게 말을 걸어 보았다.

"조이야! 무슨 좋은 일이 있니?"

"응! 오늘 특별한 일이 있을 것 같아!"

"어떤 일?"

"오늘은 오늘이니깐 모든 것이 새로운 거야. 감사한 하루를 기대해 볼래"

그러고는 푸드로 표현한 작품 옆에 이렇게 적어 본다.

'나는 다양한 생각 가운데 창의적인 사람이 되고 싶다.'

'내 기분은 화사하고 즐겁다.'

'나는 여러 가지 색깔의 열매를 맺을 준비가 되고 있다.' 등으로 적극적 상상을 통해 나의 작품과 대화하는 시간을 가져 보았다.

우리는 매일 선택하는 삶을 살고 있다. 어제의 선택이 오늘의 나다. 그렇다면 우리가 가진 자유의지로 무엇을 선택할 것인가? 많은 자유를 누릴 때 선택의 폭도 넓어진다고 한다. 조이가 가진 이 많은 자유로 다양함을 인정하며 행복을 선사하는 그런 사람이 되리라. 푸드가 자유로움을 창출하고 느끼게 한다.

오늘 나에게 푸드표현예술은 '**다양함 속의 자유**'이다.

굳은 마음에서 부드러운 마음으로

김경화

지인들로부터 멜론과 샤인 머스캣을 선물로 받았다. 올 여름은 다른 해와 달리 멜론 주스를 많이 먹어서인지 가끔씩 눈앞에 멜론이 아른거렸다. 나의 이런 마음이 통했을까? '하하하' 선물로 받게 되어 기뻤다. 멜론은 이전에는 내가 좋아하는 과일이라 맛있게 먹긴 하였지만 푸드 표현을 배우면서부터 셀프 테라피로 나 자신과 만나는 좋은 도구가 되었다.

멜론의 향기가 침샘을 자극했다. 멜론은 껍질이 단단해 자르기가 여느 과일보단 힘이 더 든다. 단단한 껍질을 자르다 보니 머릿속에 두 단어가 떠올랐다.

'굳은 마음과 경직된 사고'. 모든 삶의 결정이 마음과 생각에서 흘러나온다. 그렇기 때문에 무엇보다 내면을 살펴보는 것이 중요하다. 보이지 않는 것에 묶여 있다면 그것은 감옥과도 같을 것이다. 여기에서 벗어나고자 한다면 '현재 자신의 마음을 알아차리고 공감하고 무조건적 수용과 진솔성이 필요할 것이다'라고 칼 로저스는 상담이론에서 말한다.

인간 중심 상담가인 칼 로저스가 "알아야 하는 것에는 무지하고 마음이 열려 있어야 하는 상황에서는 편견이 있으며, 상황에 비추어 정당하지 못한 감성을 지닌다는 사실을 인정할 때 나는 더 진실한 모습이 될 수 있다"라고 이야기한 것처럼 굳은 마음으로, 경직된 사고로는 이런 것을 깨닫지 못한다. 항상 잘못된 사고로 해석하고 나 중심적으로 바라보기에 건강하지 못한 삶을 살 수밖에 없다.

오래전 사명을 놓고 기도하던 중 하나님께서는 나에게 응답을 주신 성경 구절이 있다.

"돌 같은 마음을 없애고 살갗처럼 부드러운 마음"을 주겠다는 회복의 말씀이었다.

〈부드러운 마음〉

그 이후로 내 삶의 참된 변화가 시작되었던 것 같다. 무의식 가운데 있는 가장 밑바닥 속에 있는 오물들이 올라와 나를 찌르고 힘들게 했던 시간을 보내었다.

가시밭, 돌짝과 같은 내 마음 밭이 점점 기경되어져 열매 맺기 좋은 부드러운 옥토 밭으로 변화되어 갔다.

이러한 작업이 이루어지는 과정 가운데 마음이 변하니, 보는 관점도 달라졌다.

〈9가지 열매〉

멜론도 딱딱한 껍질을 벗기고 나니 부드러운 속살이 드러나 군침이 살살 돌았다.

나의 마음도 딱딱함에서 부드러움으로 회복될 때 건강한 삶으로 이어질 것이다. 멜론의 껍질을 밑에 놓고 그 위에 부드러운 속을 줄기로 만들었다. 좀 더 줄기를 굵게 만들 걸 하는 생각이 들었다.

그런 후 샤인 머스켓이 눈에 보여 동그랗게 썰어 보았다. 동그란 샤인 머스켓 9개를 장식한 것은 성령의 9가지 열매를 맺고 싶은 마음이었기 때문이다.

사랑, 희락, 화평, 오래 참음, 자비, 양선, 충성, 온유, 절제의 9가지 열매가 나의 성품이 되길 말이다. 푸드 표현을 통해 내담자, 치료사, 관찰자의 관점에서 나 자신을 자각하고 통찰하는 의미 있는 시간을 가져 볼 수 있어서 감사하다.

지금도 진행 중이지만 이런 회복으로 말미암아 나 자신도, 가정도, 직장에서도 더불어 만나는 이들에게도 회복이 흘러가길 소망한다. 아는 만큼 보인다고 했던가!

이런 무지함들이 이제는 조금씩 깨달아지고 점차 전문적인 자질을 갖추고 균형 감각을 가지고 건강한 삶으로 성장하는 나의 삶이 되기를 축복한다.

오늘 나에게 푸드표현예술은 '**기경**'이다.

chapter

04

나의 강점과 재능을 디자인하라

강점과 약점은 우리에게 주어지는 종합선물세트이다.

각자 가진 강점들이 모여 조화를 이루고 하나의 시너지가 되어 주렁주렁 열매를 맺게 된다면 비로소 위대한 나를 발견하게 될 것이다.

공감의 끌어당김

임미정

양자역학에서 양자 얽힘(Quantum Entanglement)이란 것이 있다. 이것은 두 개의 입자가 강한 연관성을 가지면 멀리 떨어져 있어도 서로 얽혀 있어 즉각적인 영향을 주고받는 현상을 말한다. 이는 우리를 둘러싼 환경에서도 그 이유는 잘 알 수 없지만, 서로서로 끌어당기는 현상이 존재한다는 것이다. 푸드 글쓰기를 시작한 우리가 그랬다.

양파에게도 이러한 끌어당김이 있었다. 꿈꾸는 만년필 작가 수업, 일명 '꿈만필 작가 수업'이다. 2016년 4월에 입문해 1년 동안 창원에서 서울을 오가며 작가 수업을 받았다. 매일, 매주 코치님이 주는 미션을 하고 한 달에 한 번 주말에 진행되는 오프라인 모임에 참석했다. 모임에 참석하기 위해 대지가 어둠에 묻힌 시간 조심스럽게 치장을 하고 이른 아침 출발했다. 차창 밖의 풍경들은 나에게 쉼을 주었다. 그저 글쓰기를 시작한 평범한 사람들이었지만 우리는 작가라는 호칭을 썼다. 그들과의 만남과 작가 수업은 딴 세계를 경험하게 했다. 일상에서 아이들과 지냈던 나의 삶 속에 작가라는 이름이 붙여지고 책을 출간할 수 있는 지평을 열어 주었다.

학습공동체 멤버들과 푸드표현상담사과정을 하면서 다양한 작품을 만들고, 심상을 나누는 특별한 경험을 했다. 어느 곳에서도 하지 않았던, 가슴 깊숙한 곳에 잠자고 있던 무의식 속의 얘기들을 꺼냈다. 이러한 마음이 담긴 푸드 작품은 특성상 미술 작품과 다르게 오래 보관할 수가 없다. 작품을 만들고 해체의 순간에 아쉬움이 남았다. 너무 아까운 순간이 아닐 수 없다. 이는 '양파의 생각만은 아니었을 것'이라는 생각이 들었다.

관심은 공감하게 하는 원동력이 된다. 이미 책 쓴 경험이 있는 양파가 보기에는 작품 하나하나가 글감이 되기에 충분했다. 포트락 파티를 하면서 책 쓰기를 실천해야겠다고 다짐했다. 사랑과 감사의 마음으로 성공의 V를 그리며, 푸드 글쓰기를 제안했다.

〈사랑과 감사〉

〈공감의 성공 법칙〉

공감은 상대방의 마음을 읽는 것이다. 마음을 읽고 교감할 때 우리는 그 무엇도 해낼 수 있다.

글쓰기 왕초보 코치를 자처했다. 푸드표현상담사과정에서 만난 푸드표현예술은 나에게 공감이며, 끌어당김 그 자체였다. 이러한 과정은 꿈꾸는 자들에게 초보 작가와 왕초보 글쓰기 코치라는 이름을 갖게 했다. 모두가 경험이 없다. 하지만 참여자 대부분이 지인들로 글쓰기에 관심이 있다는 것을 알고 있었다.

함께 글을 쓰고자 하는 끌어당김의 법칙이 발동했다. 푸드학습공동체 구성원들 또

한 '공감적 이해'를 충분히 했기에 시작할 수 있었다. 그 힘은 강했다.

어떤 이는 양파에게 성공한 인생이라고 말한다. '그래. 즐겁게 일하고, 나누며, 꿈을 꾸는 양파는 성공한 인생 맞다.'며 고개를 끄덕인다. 꿈을 이루기 위해 즐거운 마음으로 동행하는 사람들은 이미 성공한 인생이다.

이제 막 '플로리시'라는 이름으로 책쓰기를 시작했다. 초보 작가와 왕초보 글쓰기 코치. 환상의 콤비 아닌가. 양파는 꿈만필 작가 수업을 통해 다른 세계를 경험하고 출간이라는 선물을 받았다. 전전긍긍하지만 즐거운 마음으로 함께 책쓰기를 하고 있는 초보 작가들에게도 출간의 선물이 안겨지기를 기대한다.

더디고, 느리고, 어려움에 직면할 때도 있겠지만 포기하지 말자며 '내 글을 더 발전시킬 수 있는 10가지 TIP'을 나눔해 본다.

오늘 나에게 푸드표현예술은 '**공감이며 끌어당김**'이다.

웃으면 복이 와요

김지윤

우리는 어떤 특정한 계기나 상황이 닥치지 않으면 자신이 가진 장점과 강점을 생각하거나 관찰하지 않는다. 어딘가에 자신의 이력서나 자기소개서를 제출하는 상황이 오면 그때야 부랴부랴 내가 가진 장점과 강점이 무엇인지 생각하게 된다. 혹은 다른 누군가로부터 갑작스러운 질문을 받게 된다거나 관련된 강의 등을 자발적으로 참여할 때 생각해 보게 된다.

그리스 철학자 아리스토텔레스가 '지혜는 자기 자신을 아는 것'이라고 말했다. 세계 문학사의 거인 괴테도 '너 자신의 내면을 탐구하라, 그러면 모든 걸 찾으리라'라고 하였다. 나이가 들어감에 심리 상담에 관심이 부쩍 생기기 시작하던 때에 푸드표현상담사과정 프로그램을 접하게 되었다. 오늘은 푸드 매체를 활용해서 나의 매력 자본 발굴하기 - 강점 찾기를 표현하였다. 인간은 누구에게나 장점과 단점, 강점과 약점이 있다. 과거에는 자신의 능력을 향상하고 더 높은 성과를 내기 위해서 단점을 보완하고 약점을 강화하는 것에 초점을 맞추려고 노력하는 경우가 많았다. 그러나 현대에는 단점과 약점을 보완하기보다는 자신의 장점과 강점을 더욱 강화함으로써 자신의 부족한 부분까지 자신감으로 인해 더욱 강화된다고 강조한다. 긍정심리학의 관점에서도 자신의 긍정적 자원을 찾아내어 그것을 강화하고 키워 가는 것이 행복을 위해 더욱 중요하다고 이야기하고 있다.

푸드표현을 하기 전 먼저 나의 가장 큰 강점과 미덕 찾기 검사를 하였다. 긍정심리학에서는 6개의 미덕과 24개의 강점이 있다고 한다. 내가 가지고 있는 강점과 미덕이 무엇인지 문항을 읽고 매우 비슷한 것에 체크하였다. 강점으로는 학구열/ 끈기, 성실, 근면/ 열정/ 지도력/ 사회성, 친화성 대인관계 지능/ 신념, 목적의식 등이 나왔다.

나의 강점을 확인하고 상세한 피드백을 받았다. 먼저 끈기, 성실, 근면의 강점을 가진 사람은 일단 시작한 일을 끝까지 해낸다. 성실한 사람은 어려운 프로젝트를 맡겨도 큰 불평 없이 기꺼이 책임을 완수한다. 나아가 더 좋은 결실을 얻기 위해 노력한다.

열정은 활기가 넘치고, 정열적이다. 자신이 하는 일에 몸과 마음을 다 바치며 새날에 할 일에 고대하며 아침에 눈 뜨고 열정적으로 모든 일에 참여한다.

사회성, 대인관계 지능은 자신과 다른 사람들의 동기와 감정을 금방 알아채고 그것에 맞게 반응할 줄 알며 걸맞게 행동한다. 이 강점들은 친절이나 리더십 같은 다른 강점의 토대가 되기도 한다.

지도력이 뛰어난 사람은 단체를 조직하고 관리하는 능력이 있다. 조직의 업무를 효율적으로 수행하도록 이끌어 주고 구성원들이 원만한 관계를 유지하도록 지도해야 한다. 목적의식, 신념은 우주의 더 큰 목적과 의미에 대한 믿음이 크다. 그래서 더 큰 계획에서 자신의 쓰임새가 있으리라 생각한다. 그런 믿음을 밑거름 삼아 행동하고 편안함을 얻는다.

〈언제나 활짝 웃는 나〉

푸드표현활동으로 나의 강점을 표현해 보면서 내가 잘하고 있는 점(심리적, 행위적인 것 등)을 찾아보게 되었다. 첫 번째 나의 대표 강점인 사회성, 대인관계, 친화성은 당근으로 활짝 웃고 있는 나를 표현하였다. 그리고 내 주위에 고민이나 힘들어하는 많은 사람들의 다양한 표정을 꾸몄는데, 힘들고 슬픈 일이 있어도 캔디처럼 일어나서 웃는 나의 캐릭터를 표현하고 싶었다. 옥수수 껍질로 사람들과의 복잡한 인간관계를 매듭을 지어 표현하였는데, 오해로 인해 억지로 잘라 관계를 끊어버리는 것보다 잘 풀어서 다시 좋은 관계를 닮고 싶었다. 빨간색 파프리카는 지금 하고 있는 일에 대한 열정으로, 긍정의 변화를 꿈꾸는 의미를 담은 노란색 파프리카는 근면, 성실, 끈기를 다해 지금보다 더 나은 나의 모습을 꾸몄다.

조화와 균형의 심리적 의미를 담고 있는 키위로 나를 믿어 주고 지지해 주는 사랑하는 모든 이들을 생각하며 긍정의 에너지를 표현했다.

나의 가장 자랑스러운 강점은 사람들과의 친화성, 밝은 미소이다. 나는 좋은 사람들과 함께하는 것을 좋아한다. 긍정적인 인간관계를 형성하기 때문에 고객을 대상으로 일하는 서비스 분야에서 강점이라고 하는 것을 보면 지금 내가 하는 직업도 서비스의 일종이랄까. 그래서 적성에도 맞고 만족과 보람도 느낀다.

푸드표현을 하면서 나의 강점도 찾아보는 계기가 되었다. 앞으로 강점을 더욱 강화하며 인간관계 외에도 도덕적으로 나에게 기쁨을 주는 활동들을 해 볼 생각이다.

오늘 나에게 푸드표현예술은 '**인생의 나침반**'이다.

난 최고야!

박설희

〈나를 위한 긍정 메시지〉

푸드표현상담사전문가과정 집단상담 시간이었다. 한 주를 끝내고 주말을 이용해 푸드표현 예술치료전문가과정 집단상담 일정이 잡혀 일주일 내내 쉬지 못한 채 집을 나서야만 했다. 그래서인지 집단상담 2일 차 아침은 일어나기 전부터 온몸이 천근만근, 양 눈꺼풀은 퉁퉁 부어 정말 힘들게 일어났다. 그래도 나와의 약속을 지키기 위해 아니 어쩌면 나를 위한 힐링의 시간을 가지고자 하는 마음이 더 컸을지 모르지만 일정을 소화하기 위하여 집단상담을 받을 장소인 나, 너, 우리 교육원으로 출발하였다.

도착하니 아주 맛있게 볶은 커피 냄새가 나를 반기고 있었다. 그 덕분에 졸렸던 나의 눈꺼풀과 무거웠던 나의 머릿속을 신기하게도 싸~악 눈을 떠주게 하고 머릿속을 맑게 해 주었다. 치유 산타 님의 배려로 집단상담을 받는 전문가 선생님들이 모두 기분 좋게 아침을 열 수 있었다. 이것은 푸드표현예술치료의 장점인 듯하다. 푸드를 사용해서 오감각으로 그걸 느끼고, 느낀 것을 성찰하여 온전히 나를 알아갈 수 있다는 매력덩어리 푸드 표현치료인 것이다. '냄새를 통해 마음을 편안하게 하고 좋은 감정을 느끼게 해 주는 커피. 넌 최고야! 커피 너는 면역 호르몬으로 알려진 세로토닌을 만들어 주는 아주 좋은 선물이기도 하니까'

정신과 전문의 이시형 박사가 제안하는 감정조절법 『세로토닌 하라!』라는 책이 있다. 이 책에서 저자는 사람의 감정이 마음대로 되지 않는 이유를 우리 뇌 속에서 일어나는 싸움 때문이라고 설명하면서 뇌를 잘 안다면 충동과 우울함을 다스리고 나아가 결단력과 업무 효율성까지 높일 수 있다고 말하고 있다. 특히 본능을 관장하는 편도체를 다스리는 좋은 무기로 신경전달물질인 '세로토닌'을 제시하고 있다. 약이나 음식으로는 섭취할 수 없고 오직 체내에서만 만들어지는 세로토닌을 촉진시키는 활용기술도 소개해 놓았으며 뇌를 효과적으로 자극하면서도 쉽게 실천할 수 있는 방법들도 알려 주고 있다. 행복 호르몬 중의 하나인 세로토닌은 아주 중요한 호르몬이 아닐까 싶다.

그런 후 커피 한 잔씩을 마시면서 치유 산타 님이 먹으로 그림을 그리거나 글씨를 쓰는 화선지 종이를 하나씩 건네주며 내가 만들고 싶은 모양으로 만들어 보라고 하였다. 모양은 제 각각 이었다. 사람마다 생김새도 다르듯 모두 머릿속 생각도 다른 것 같았다. 같은 모양이 하나도 없었고 전문가 과정 선생님들 자신의 마음을 담아 표현해 내기 시작하였다. 그런 다음 각자 만든 모양 종이를 이용해 커피를 내린 후 남은 커피 찌꺼기와 여과지, 커피 알갱이들을 사용하여 화선지 종이 위에 물들이며 작업을 하였다.

작업을 한 종이가 마를 때까지 기다리는 동안 나를 위한 응원 메시지뿐만 아니라 다른 전문가 선생님들에게도 응원 메시지를 적어 작품마다 선물을 주기 시작하였다. 그 선물이 얼마나 많고 글 한 자 한 자 모두 소중하고 가슴 벅찬 말이었기에 지금도 그 감동이 잊히지 않는다. 내 인생에서 최고의 선물이 아닐까 생각된다. 어른이 되면서 누군가 아니 나조차도 이런 응원 메시지를 받지도 주지도 않았다. 돈을 주고 구매한 보이는 선물에 익숙해져서 그런지 선물이라고 하면 늘 나는 '누군가에게 보이는 선물을 해야 맞다'라고 생각하고 있었기 때문일지도 모른다. 그런데 이 푸드 매체가 그게 아니었음을 깨닫게 해 주었다. '진정한 나를 위한 너를 위한 선물은 진심이 아닐까? 진정성이 있는 응원 메시지, 즉 손 편지일 거야.'라고 나에게 또 깨달음을 안겨 주었다.

커피~ 넌 최고! 깨달음을 안~ 난 최고야!

나에게 푸드표현예술은 '**희망의 씨앗**'이다.

대박 터지는 人生

김옥남

아빠가 육아를 체험하는 「슈퍼맨이 돌아왔다」 프로그램이 요즘 인기다. 이 프로그램이 인기 있었던 비결은 육아는 엄마만의 일이 아닌 아빠와 함께한다는 것을 일깨워 주었기 때문이다. 여기에 축구선수 김동국의 아들 '대박'이가 나왔다. 부르는 이름이 특이해서 관심이 갔고 아기가 귀엽고 영특했다. 아빠는 아기를 부를 때 '대박아~'라고 태명을 태어나서도 계속 불렀다. 왜 아기의 태명을 대박이라 지었을까? 짐작하기는 아이의 인생이 대박이 터지기를 간절히 바라서가 아닐까? 물론 위로 딸 4명에 아들이 태어났기 때문일 수도 있다.

대박(大朴)이란, '커다란 박'을 말한다, 즉, '대성공', '큰 물건', '큰 이득', '대박 터지다.'의 여러 의미가 내포되어 있다. 흥부전에서 제비가 물어 준 박에서 금은보화가 쏟아져 나온 것에서 유래되지 않았을까 생각한다.

우리는 일상에서 자주 이런 인사를 건넨다. "대박 나세요". 이 말은 말하는 사람이나 듣는 사람의 기분을 좋게 해 준다. 대박이 터지면 가난한 살림이 풍족해지고 움츠렸던 어깨가 펴지고 걸음걸이가 당당해진다. 그래서 우리는 대박이 터지기를 간절히 소망한다. 인생을 살면서 한번쯤 대박이 터지면 얼마나 좋을까? 주말이면 복권 가게 앞에 사람들이 붐비는 이유도 대박 터지기를 간절히 바라서 일 것이다. 그러나 대박은 간절히 바라지만 쉽게 찾아오지 않는다. 마음은 간절하지만 말이다. 그러면 과연 대박은 누구에게 찾아올까? 행운의 여신이 점지한 사람에게 찾아올까? 아니면 우연히 찾아올까?

어느 날 나에게 대박이 터졌다.

〈대박이 뻥 터졌어요〉

푸드표현상담사 자격 과정 강의 중 두 사람에게 앞으로 나올 기회가 주어졌다. 나는 손을 번쩍 들고 앞으로 나갔다. 참석한 분들과는 아직은 서먹하고 어색한 관계였으나 그들과 친해지고 싶었고 그들로부터 긍정의 에너지를 받고 싶었기 때문이었다. 김민용 회장님은 모두에게 뻥튀기를 하나씩 주어 앞에 나온 사람에게 전하고 싶은 응원 메시지를 적어서 전달하라고 하셨다. 뻥튀기를 받은 참석자들은 응원 메시지를 적은 뻥튀기를 나의 옷깃에 달아 주면서 응원의 말을 해 주었다. 나는 사람 트리가 되어 그들이 달아 주는 응원 메시지를 받았다. 뻥튀기 열매를 달아 줄 때 감동의 눈물과 함께 온몸에 전율이 느껴졌다. 말이 살아서 나에게 다가오는 것 같았다. 말은 신비로운 능력이 있다. "사람은 입의 열매로 인하여 복록에 족하며 그 손의 행하는 대로 자기가 받느니라." 우리의 입에서 나가는 말이 때로는 화살이 되어 사람의 마음을 찌르기도 하고 때로는 천냥 빚을 갚기도 한다. 그들의 응원의 말이 힘들어 지친 나를 일으켜 세우는 지팡이가 되었다. 서로를 지탱해 주고 받쳐 줄 때 사람다운 삶을 살게 된다. 나를 격려해 주고 힘을 준 푸드표현상담사과정에서 만난 한 분 한 분이 나에게 대박이다. 대박은 좋은 사람을 만나는 것이다. 나는 오늘 돼지꿈을 꾼다. 소중한 사람들이 나에게로 몰려오는 꿈.

조던 피터슨이 쓴 『12가지 인생 법칙』에 이런 글이 있다. 실험 대상자에게 이런 실험을 하였다. 얼굴 근육을 한 번에 하나씩 움직여 슬픈 표정을 짓게 했더니 그들이 그런 표정을 짓는 과정에서 더 슬퍼졌고 반대로 얼굴 근육을 하나씩 움직여 행복한 표정을 짓게 했더니 얼굴 근육을 하나씩 움직일 때마다 그들이 행복해졌다고 한다. 행복은 상황이 아니라 그 상황을 내가 어떻게 받아들이고 인식하느냐에 달려 있다는 말이다. 때로는 하는 일이 힘들고 지쳐 모든 것을 내려놓고 싶을 때 얼굴 근육 하나씩을 움직여 행복한 표정을 지어 보라. 그러면 행복해질 것이다. 지금 우리는 그 어느 때보다 힘든 시기를 지나고 있다. 정말 한 치 앞을 알 수 없는 불확실한 시대를 살고 있다. 이런 상황 속에서 대박을 터뜨려 보자. 옆에 있는 사랑하는 사람과 음식을 나누고 마음을 나누자.

당신을 아직도 대박을 꿈꾸고 있는가? 사랑하는 가족을 돌아보고 곁에 있는 이웃과 나누며 사는 여기가 바로 대박 터진 현장이다.

〈좋은 사람과의 만남은 대박이다〉

오늘 나에게 푸드표현예술은 '**대박**'이다.

자연 속 아름다움 그 자체

심재영

자르고 찢고 주무르고 두드리고 썰고... 다양한 방법으로 모양을 내어 요리를 한다. 어떤 것은 속에 것을 파내어 버리고 어떤 것은 겉에 것을 버리고 속에 것을 쓰기도 한다. 이런 것에 손맛을 더해 우리는 맛있게 음식을 먹는다.

푸드로 표현을 할 때 도구를 이용해서 나의 심상을 나타낼 때가 많았는데 있는 그대로의 것을 가지고 표현하는 것도 참으로 매력적이었다. 때에 맞는 다양한 먹거리를 통해 자연 그대로의 모습을 놓아 보았다. 조이가 제일 좋아하는 복숭아의 색은 볼 때마다 예쁘다. 싱그럽다. 어쩜 이런 색이 나올까? 보면 볼수록 자연의 색이 아름답다.

초록 빛깔의 오이와 단호박, 보랏 빛깔의 가지, 갈색의 밤, 연한 황토색의 땅콩, 자줏빛깔 고구마, 연둣빛, 자주색이 섞여 있는 무화과 열매는 있는 그대로의 모습이다. 근데 이 열매들의 속을 들여다보면 겉에서 보는 것과는 전혀 다른 색과 모양들이 감추어져 있다. 그러고 보니 거의 대부분의 열매들은 다른 색, 다른 모양들이 숨겨져 있다. 겉과 속이 다른 것이다.

〈자연의 탐스러움〉

〈가을의 풍성함〉

사람도 보이는 부분과 보이지 않은 부분이 있고 장점도 있고 단점도 있다. 푸드로 표현한다는 것은 각자의 강점과 약점을 발견하고 볼 수 있는 눈을 열어 주는 것 같다. 장점과 단점을 함께 볼 수 있도록 말이다. 자기 자신을 좀 더 자세히 보는 것이다. 그래서 나를 인정하고 더 사랑하게끔 하는 소중한 치료제다.

까나리라는 물고기를 잡는 어부들은 물범을 싫어한다고 한다. 왜냐면 그물을 이용해 까나리를 잔뜩 잡아놓으면 물법들이 몰래 와서 가득 잡아 놓은 까나리를 먹기도 하고 까나리를 먹기 위해 그물도 다 찢어 놓고 만다고 한다. 하지만 어부들은 무턱대고 물범을 미워할 수 없다. 옛날부터 어부들이 망망대해에서 까나리가 있는 곳을 아는 방법은 물범들이 모여 있는 곳을 지표로 삼았기 때문이다. 물범이 있는 곳에는 까나리가 많이 있다는 증거다. 알고 보면 물범이 피해도 주지만 도움도 주는 그런 존재다. 함께 동지로 있어야 하는 것이다.

사람은 살아가면서 수많은 사람들을 만난다. 때로는 마음에 들지 않는 사람도 있다. 하지만 어부가 물범을 영원히 미워할 수 없는 것처럼, 자기 자신도 장점과 단점이 있는 것과 마찬가지로 마음에 들지 않는 그 사람도 장점과 단점이 있다. 어쩜 이런 주변인이 나에게 나를 보게 하는 가장 크게 유익을 주는 것이 아닐까 싶다. 우리는 이런 사람들을 품는 마음이 필요하다. 나도 누군가에게 마음에 들지 않는 단점이 표출될 때가 있는 것처럼 다른 이도 그렇지 않을까? 상대방의 장점을 인정하고 단점을 품어 주는 그런 삶의 자세가 필요하다. 그래야 더불어 오래 같이 갈 수 있지 않을까?

사람들 중에는 자기의 원하는 방향만을 고집하며 살아가기도 한다. 언젠가 자기 자신이 고립되어 가는 것도 모른 체 말이다. 어느 순간 고립된 자기를 보게 될 때 너무 멀리 왔음을 발견할 것이다.

자연의 색 아름다운 이면에 또 다른 색들이 숨겨져 있는 것처럼 모두가 각자의 장단점을 인정하고 사랑해야 한다. 또한 함께 손잡고 갈 우리의 다정한 이웃들도 그들의 장점만 보고 가까이하고 그들의 단점을 보고 멀리하는 것이 아니라 장점과 단점을 인정하며 함께 걸어가는 우리 모두가 되길 간절히 바라본다.

오늘 나에게 푸드표현예술은 '**장점과 단점을 수용하는 치료제**'다.

아홉 가지 성품의 열매

신시옥

『성품 좋은 사람이 세상을 이겨요』라는 성품 교육책의 제목만 봐도 성품의 중요성을 알 수 있다. 영원한 베스트셀러 『성경』은 갈라디아서 5장에 아홉 가지 성품의 열매에 대하여 기록하고 있다. 마음에 맺어지는 성품의 열매는 삶에서 나타나므로, 좋은 성품의 열매를 맺고 싶은 소망을 담아 푸드로 표현했다.

첫 번째 열매는 '사랑'이다. 사회복지공동모금회의 상징인 빨간 열매가 떠올라 빨강 방울토마토로 표현했다. 사랑은 세상에서 가장 위대한 힘을 지니고 있다. 꽁꽁 얼어 붙은 마음을 녹이는 것도 따뜻한 사랑이다. 상처 난 마음을 치유하는 것도 사랑뿐이다. 나도 사랑하는 사람을 잃은 상실감을 형제자매와 지인들의 관심과 사랑으로 극복할 수 있었다. 그래서 사랑을 마음에 가득 채워 필요한 사람에게 흘려보내고 싶다.

두 번째 열매는 '기쁨'이다. 항상 기뻐하고 매사에 감사하며 아름다운 것을 추구하고 창조하는 마음이다.

기쁨의 열매는 주황색 방울토마토로 표현했다. 주황색은 에너지를 주는 색이다. 일상생활에 활력이 있고 감사할 때 기쁨이 따라온다. 나는 아이들과 있을 때 기쁨이 솟는다. 까르르! 웃는 아이들을 따라 웃게 되니 즐겁다. 1년 전에 시작한 감성 수채화를 그리며 몰입할 때와 작품을 완성했을 때 희열을 느낀다. 지금 여기에서 기뻐하는 삶을 살 때 기쁨의 열매가 영글어 있을 것이다.

세 번째 열매는 '평화'다. 모든 사람과 화평하고 다양성을 인정하며 상대방의 처지를 생각하는 겸손한 마음이다. 초록색 열매로 표현했다. 초록색은 평화를 상징한다. 관계가 원만하고 좋아야 평안하다. 나는 상대를 볼 때 장점부터 먼저 보고 칭찬에 인색하지 않으려고 노력한다. 갈등이 생기면 오해가 싹트기 전에 푼다. 나로 인해 불화가 생기지 않도록 기도하며 화평의 도구로 사용되기를 원한다.

네 번째 열매는 '오래 참음'이다. 모든 일에 성급하지 않고 꾸준하고 지속적이며 고통, 시련, 환란에도 요동하지 않는 마음이다. 콩나물시루에 물을 주면 물이 그냥 다 흘러내리고 물 한 방울 고이지 않지만 오래 참고 계속 주다 보면 어느새 쑤욱! 콩나물이 자라 있다. 부모가 자녀를 키울 때 가장 필요한 성품의 열매가 이 열매라는 생각이 든다. 나는 오래 참는 것이 늘 부족하다. 그래서 사는 날 동안 꾸준하게 연마해야 할 성품의 열매이다.

다섯 번째 열매는 '자비'이다. 외모로 상대를 판단하지 않고 긍휼의 마음으로 모든 사람에게 관대하며 상대를 모함하지 않는 마음이다.

화려하지 않지만 수수하고 편안한 회색빛의 느타리버섯으로 표현해 보았다. 나를 돌아보면 40대까지는 흑백논리로 세상을 좁게 바라보았다. 50대부터는 회색지대가 많아지면서 세상을 바라보는 폭이 넓어졌다. 느타리버섯은 대장 내에서 콜레스테롤 등 지방의 흡수를 방해하여 비만을 예방해 준다고 한다. 느타리버섯처럼 세상의 부패를 예방하는 역할을 하며 타자를 대할 때 자비와 긍휼의 마음으로 대해야겠다.

여섯 번째 열매는 '착함'이다. 무례히 행치 않고 상대를 존중하는 마음이다. 순수하고 해맑은 아이를 연상케 하는 노란 머리의 콩나물로 표현했다. 동심의 마음으로 상대를 있는 그대로 인정하고 존중하며 대할 때 결국 나 자신이 행복해진다.

일곱 번째 열매는 '성실'로 매사에 근면하고 정직한 마음이다. 흰색 버섯으로 표현했다. 타인의 시선을 의식하지 않고 언제나 부지런하며 거짓 없는 참된 성품의 의미를 담았다. 나는 교사를 채용할 때 성실함을 우선순위로 본다.

여덟 번째 열매는 '온유'이다. 겉 사람은 강해 보이지만 속 사람은 따뜻하여 상대를 배려할 줄 아는 부드러운 마음이다. 나는 온유한 성품의 사람이 되고 싶은 바람이 있어 따스한 노란빛의 방울토마토를 가지고 표현했다.

마지막 아홉 번째 열매는 '절제'이다. 사전에는 "정도에 넘치지 아니하도록 알맞게 조절하여 제한함"으로 나와 있다. 초록색 부추를 가지고 절제의 뿌리를 표현했다. 앞선 여덟 가지 성품의 열매들이 잘 맺을 수 있으려면 질서와 조화를 추구하며 절제할 때 가능하다는 생각이 든다. 사회적으로 어렵게 성공한 사람들도 한순간 절제하지 못해서 나락으로 떨어지는 경우를 종종 본다.

나는 아홉 가지 좋은 성품의 열매를 풍성하게 맺으며 살고 싶은 간절한 소망이 있다. 그러나 내 힘과 노력으로는 한계가 있으니 항상 기도하며 푸드표현예술치료를 통해 마음 관리를 잘하려고 노력해야겠다. 좋은 성품은 가족과 타인에게도 선한 영향력을 끼치니 나, 너, 우리가 함께 맺어 가야 할 열매이다.

〈풍성한 열매〉

오늘 나에게 푸드표현예술은 '**좋은 성품의 열매**'이다.

사랑의 이모티콘

박설희

〈내가 만든 사랑의 이모티콘〉

이모티콘 단어는 영어의 Emotion(감정)과 Icon(아이콘)이 합쳐져 만들어진 말이다. 그리고 처음 유행한 이모티콘이 웃는 모습이었기 때문에 스마일리라고 불리기도 하며 1980년대 카네기 멜런 대학 학생인 스콧 펠만이 최초로 사용한 것으로 알려져 있다. 즉, 우리가 매일 사용하는 메타 커뮤니케이션의 일종으로, 문자를 이용하여 만들어 낸 감정을 나타내는 기호들이지만 각 언어마다 사용하는 문자가 다르기 때문에 조금씩 차이를 보이기도 한다. 흔히 문자 기반의 의사소통에서 주로 쓰이는 방식이라 채팅, 전자 우편, 게시판 등 컴퓨터 혹은 스마트폰으로 글을 쓰는 곳에서 많이 쓰인다.

그래서 그런지 이모티콘을 푸드로 표현하는 것에 대해 꽤 신선한 느낌이 들었다. 늘 스마트폰을 손에서 떨어지지 않게 함께 다니고 있는 가족과도 같은 존재이기도 하며 소통과 관계의 의미이기에 나에게는 푸드로 이모티콘을 표현해 보는 것이 획기적이었다. 왜냐하면 공을 들이지 않아도 스마트폰에서는 예쁘고 세련되고 유머스러운 이모티콘을 돈을 주고 사는 경우가 흔하기 때문이다. 최근 내가 구입한 이모티콘은 트롯이 대세인 이유로 '미스터트롯'의 인사말과 더불어 유머스러운 말까지 있는 깜찍한 이모티콘이다. 처음 접했을 때 기분이 이런 기분이었다고 비유하고 싶을 정도였다.

사랑의 이모티콘 만들기는 1급 과정 시 하나의 푸드 표현 과정 중의 하나이다. 지금까지 마음은 있으나 표현하지 못한 다양한 감정을 푸드 매체를 이용하여 이모티콘을 만들어 자신의 마음을 전달해 보는 작업이며, 그런 후 그 마음을 전하고 싶은 상대에게 보내는 게 최종 미션이었다. 미션은 답장이 오면 완료이다.

푸드 매체는 여러 가지 과일과 과자 종류였다. 매체를 만나기 전 나의 마음을 누구에게 표현을 해야 할지 생각을 하게 되었다. 역시 나의 주변 '나의 사랑하는 가족'들이다. 나에게는 사랑하는 나의 남편, 의젓한 나의 큰 딸아이, 귀여운 나의 둘째 딸이 있다. 코로나19의 영향으로 팬데믹 시대에 어려워진 회사에서 늘 눈칫밥을 먹고 있는 울 남편, 밥은 먹지만 살로 가지 않아 늘 불안한 남편에게 희망의 메시지를 주고 싶었고 서울에서 취업을 하기 위해 혼자서 고민하며 지내고 있는 취업준비생 큰딸에게도, 마지막으로 취업한 지 2년 된 어린이집 선생님으로 늘 아이들이 예쁘다고 하며 즐겁게 지내고 있는 둘째 딸아이에게 이 사랑의 이모티콘을 보내고 싶다는 생각이 들었다. "자! 그럼 나의 마음을 만들어 볼까?" 하며 만들기 시작하였다. 손이 가는 대로 푸드 매체를 칼로 자르고 모양을 내고 접시에 꾸미기 시작하였다. 노란 레몬으로는 어린이집에서 아이들과 늘 재잘 재잘거리며 밝게 웃는 모습이 상상되는 둘째 아이를 생각하며 아이들에게 해님 같은 존재라 '해님'을 만들어 표현해 보았고, 이제 방울토마토와 오이 껍질을 이용해 단단하게 자리를 지키며 뿌리를 내릴 준비를 하고 있는 큰 딸아이를 생각해 줄기와 나뭇잎을 표현하였다. 그런 후 직장에서 항상 힘들게 일하고 있는 사랑하는 나의 남편을 위해 '최고'라는 의미가 담긴 말을 사과 껍질을 이용해 만들어서 표현한 뒤 가족들을 사랑하는 나의 감정인 하트를 딸기잼을 이용해 만들어서 표현해 보았다. 만들고 나서의 기분은 역시 하트 뿜 뿜, 사랑 뿜 뿜 덩달아 나의 기분까지 '최고'의 감정으로 행복해지는 느낌이 가득하였다.

그런 후 미션을 달성하기 위해 세 명의 가족에게 보내게 되었다. 뒤늦게 답장은 왔지만 미션 완료였다. 아이들도 남편도 내색은 않지만 싫지는 않은지 표현을 해 주었다. '잘 쓸게', '고마워', '잘 만들었네' 모두 다 긍정적인 표현이다. 역시 사랑이 담긴 메시지든 그림이든 이 모두가 긍정적이고 기분 좋은 감정을 나타내는 것 같다. 덩달아 받는 사람도 최고, 주는 사람도 최고, 우리 가족 모두 최고~ 앗싸!

오늘 나에게 푸드표현예술은 '**긍정에너지**'다.

우리 모두는 소중합니다

심재영

아이들을 위해 어릴 때 많은 책들을 구입하고 읽혔던 기억이 난다. 자녀들이 자란 후 책들을 동생네나 다른 이웃의 어린아이에게 주었다. 하지만 유일하게 보관하고 있는 책이 있다. 세계를 움직이는 유대인의 지혜서 『그림 탈무드』 책이다. 6~7살 아이들이 읽으면 딱 좋은 그림과 큰 글자로 이루어진 전집이다. 지금도 가끔씩 그 책을 꺼내어서 읽어 보곤 한다. 간단한 내용으로 수록된 책이지만 왠지 지혜와 지식의 저수지 같은 느낌이다. 오늘날 세계를 움직이는 민족으로 유대인을 지켜 준 탈무드는 지금도 모든 나라에 위대한 가르침으로 자녀교육에 훌륭한 교사역할을 하고 있지 않은가?

그중에 한 내용이 기억이 난다. 커다란 정원을 가진 농부가 있었다. 그에게 한 가지 귀찮은 게 있었는데, 여기저기서 잡초가 자꾸만 올라오니 깨끗한 정원이 될 수 없어 하루는 투덜거리기 시작했다. '하나님은 왜 쓸데없는 잡초를 만드셨을까?'라며 투덜대고는 잡초를 뽑기 위해 허리를 굽혔다. "무슨 말을 그렇게 하세요? 아저씨, 저희들을 귀찮게 여기지 마세요."라는 소리가 들려 농부는 깜짝 놀라 사방을 둘러보던 차, 잡초가 말을 하고 있는 것이었다. 그러고는 자기들이 왜 필요한지에 대해 설명을 한다. 뿌리로 흙 속을 다지고 있기 때문에 땅이 갈라지지 않는다. 비가 올 때 흙이 떠내려가지 않도록 돕고 바람이 불 땐 흙먼지가 나지 않도록 돕기도 한다며 예쁜 꽃을 보실 때 자기들도 생각해 달라고 이야기를 한 것이다. 잡초의 말을 들은 농부는 부끄러웠다. 그리곤 잡초 뽑는 일을 그만두었다는 내용이다. 그리고 아이들을 위해 부모님께 당부하는 내용도 있다.

"세상에 있는 것은 모두 귀중합니다. 하찮은 잡초까지도 자기가 할 몫이 있다는 것입니다. 만일 우리가 세상에 있는 것들과 사람들을 멸시한다면 그것은 그를 만드신 하나님을 멸시하는 것과 같습니다. 상대방을 나보다 낫게 여기는 소중함 마음을 갖도록 해 주세요. 모든 것을 귀하게 여기는 마음을 가진 사람이야말로 정말 훌륭한 사람입니다."

아이들의 본이 되어야 할 우리들이 다시 한 번 돌아보아야 할 것 같다. 함께 더불어 가는 세상이 아닌 약육강식, 우승열패처럼 강한 자만 살아남는 세상이라면 결국 누가 남겠는가? 갑과 을의 관계가 존중과 감사가 아닌 무시와 멸시로 나타나는 세상을 우리 아이들에게 더 이상 보여 주지 말았으면 좋겠다. 우리 어른들이 먼저 달라져야만 아이들에게 선한 영향력으로 흘러갈 것이다. 내가 먼저 실천하고 우리가 실천한다면 희망이 있다. 그래서 오늘 그 희망으로 웃는다. "안녕 하세요", "어서 오세요" 하며 모두들 자기가 선 자리에서 친절과 웃음을 건넨다.

〈룰루루 기분 좋은 날〉

어느 날 아침 음식물을 정리하는 중 갑자기 먹다 남은 음식물로 싱크대 옆에서 조이는 조물조물 이것저것을 놓아 보았다. 다 먹고 버리려던 옥수수대, 부추전, 물 끓이고 우려낸 느릅나무껍질 등으로 표현을 하다 보니 사람이 되었다. 그냥 사람이 아닌 하루를 기분 좋게 만들어 주는 음식물 사람이다.

표현한 것을 바라보는데 저절로 웃음이 났다. 그리고 일과 중 아침에 만든 푸드 표현을 생각하면 기분이 좋아지는 느낌이었다. 묘한 매력이 있는 푸드 사람이다.

생명도 없고 쓸모없는 것으로만 만들어진 이 작은 표현물도 하루를 기분 좋게 만들어 주는데 우리 각자는 얼마나 소중하고 존귀한가? 그렇다면 내가 먼저 나를 인정하고 자존감을 높이며 살아도 충분하다. 왜냐면 우리 각자는 그렇게 소중하게 만들어졌기 때문이다.

잡초도 자기가 하는 일을 이렇게 나열하며 자기를 기억해 달라고 하는데 우리 각자는 1인 몇 가지 역을 감당하는가? 그게 힘들다고만 느낀다면 슬픔이지만 이런 역할을 하고 있는 우리 각자를 칭찬하고 만져 주고 격려해 주자. 누군가가 하는 것이 아니라 내가 나를 그렇게 바라보고 예쁘다 해 주자. 참 잘하고 있다고... 그렇다면 작은 삶이지만 우리 각자에게 주어진 열매를 어제, 오늘, 내일도 맺고 살아가는 것이다. 나를 사랑할 줄 아는 사람이 이웃도 사랑할 수 있을 것이다. 오늘 하루를 보내며 이웃에 대한 감사가 있었는지 생각해 본다. 아파트 앞을 단속하시는 경비아저씨에게 "안녕하세요."라고 인사를 건네 본다. 아파트 계단을 청소하시는 아주머니께 "수고 많으십니다."라며 웃어 드렸다.

소중한 내가 오늘 하루도 내 역할을 잘 감당하고 잠자리에 들 때 '오늘도 수고했어.', '참 장하다.'며 나를 쓰담쓰담 해 본다. 휴대폰으로 아침에 찍어 둔 푸드 사람을 보며 미소를 지어 본다. 참 기분 좋은 하루였다.

오늘 나에게 푸드표현예술은 '**기분 좋음**'이다.

톡 톡 톡! 생각과 행동을 디자인하라

임미정

〈자연은 공짜 놀이터〉

우리는 인공지능(AI)이 공존하는 시대에 살고 있다. 고속도로 요금소 계산원, 은행원, 자동차 주행 등의 역할을 AI가 하는 곳들이 있다. 이 뿐인가. 일반의사보다 신뢰도가 높게 나온 차병원의 AI 왓슨 의사, 약국에 등장한 AI 약사도 있다. 이러한 변화는 평생 인기가 있을 것만 같았던 흔히 말하는 '사'자가 붙은 직업군도 위태로울 수 있다는 얘기로 들린다. 세상이 변하고 있다. 익숙했던 직업이 사라지고, 새로운 직업이 생겨나고 있다. 정부도 국가발전 화두로 그린 융합을 추진하고 있다.

창의적인 인재를 '창재'라고 부르기도 한다. 이들을 필요로 한 미래 사회, 스스로 직업이나 직장을 새롭게 만드는 '창직' 사회가 오고 있다. 구글이 세계 제일의 미래학자로 선정한 토마스 프레이에 의하면 2030년이 되면 현재 우리가 하는 일의 절반 정도가 사라질 것이라고 한다. 여기에 현재의 직업 중 80% 이상이 사라지거나 진화할 것이라고 한다. 내가 무엇을 잘하고 어떤 일이 내 적성에 맞는지를 알아차리는 것이 중요하다. 나의 강점을 찾아 살리는 '나다움'의 디자인 변화가 필요하다.

AI에 대체되지 않는 나와 우리, 미래의 주역이 될 아이들이 주도적인 삶을 살아가게 하려면 어떻게 해야 할까. 미래 사회에는 감성과 공감 능력, 창의력 있는 융합형 인재를 원한다고 한다. 최근 김지유 박사가 집필한 『푸드 표현 공부법』에는 푸드로 놀이하는 동안 몰입도가 높아지고 자신감과 메타인지가 향상된다고 소개된다. 또한 회복탄력성이 증진되고 창의력과 융합적 사고를 지닐 수 있다고 안내되고 있다.

푸드표현상담사 자격과정 수업에서 산책하는 시간을 가졌다. 그동안은 오이, 당근, 파프리카, 키위 등 과일과 채소 매체를 주로 사용했다. 푸우 님은 준비된 재료로 마음이 끌리는 대로 표현하라고 하셨다. 하지만 어떻게 꾸며야 할지 부담스러웠다. 창의력이 요구되는 시간이었다. 재료를 자르고, 벗기고, 비틀고, 오리고, 쌓고, 섞고, 말고, 펼치면 하나의 의미 있는 작품이 되곤 했다. 창의력 발산, 바로 그 자체였다.

이번 산책을 통해 얻을 수 있는 것은 무엇일까. 강의실을 나서며 들었던 생각이다. 동네 놀이터에 가니 나무 그늘에 어르신들이 삼삼오오 앉아 담소를 나누고 계셨다. 그 모습을 바라보는 나도 모처럼 여유로움을 느꼈다. 힐링 되는 시간이었다. 양파가 채취한 것은 토끼풀 한 움큼과 초록색 강아지풀 같이 생긴 길쭉길쭉한 풀잎 몇 개가 전부였다. 옆 테이블을 보니 여러 가지 자연물이 수북하다.

가지고 온 매체로 꾸밀 종이를 선정하는데 파란 색지가 끌렸다. 색지를 물끄러미 바라보며 잠시 생각에 잠겼다. 우리는 다양한 색채로 가득한 공간에서 살아가고 있다.

색이란 단순하게 보는 것 이상의 정서와 감정을 갖는다. 오 감각을 통해 색채의 자극을 받는다. 이 중 80% 정도가 시각을 통해 자극을 받는다. 브리티시컬럼비아대학의 줄리엣 교수의 '색이 창의성에 미치는 영향에 관한 연구'에서 컴퓨터 바탕화면을 파란색으로 깔았을 때 창의성이 높게 나온 결과는 흥미롭다. 창의적인 아이디어가 많이 필요한 브레인스토밍 회의를 할 때 회의실을 파란색으로 칠하면 도움 된다고 한다. 파란색을 보면 자연의 색인 초록색처럼 뇌를 안정시키는 신경전달 물질이 분비되어 호흡이 느려진다. 이로 인해 폭넓은 생각을 할 수 있고 상상력을 기를 수 있어 창의적인 생각을 하기에 효과적이라는 러시아의 클라코브 박사의 연구 결과도 있다.

바탕색으로 파란색 색지를 골라서일까. 처음에는 몇 개 안 되는 풀잎과 단색 클로버로 '어떻게 꾸미지?' 하며, 멍한 상태로 있었다. 생각에 몰두했던 양파는 어릴 적 초록 풀밭에 앉아 호기심 어린 눈을 동그랗게 뜨고 행운의 네 잎 클로버를 찾던 일이 떠올랐다. 파랑 색지에 자유롭게 표현하기 시작했다. 작고 하얀 토끼풀꽃을 보자 토끼풀로 반지를 만들었던 기억이 소환되었다. 토끼풀 두 개를 준비해 꽃대 바로 아래 작은 구멍을 내고 다른 하나를 끼워 시계를 만들었다. 바늘도 없는 시계를 몇 번씩 들여다보며 놀았던 일, 토끼풀 여러 개를 길게 끼워 목걸이를 만들고 몇 개를 돌돌 말아 묶어 족두리를 만들어 썼다. 하하 호호 낄낄대며 놀았던 즐겁고 행복한 시간이었다. 시골 동네 작은 초록 공간은 자연이 만들어 준 공짜 놀이터였다.

창의성을 발휘할 수 있는 가장 좋은 방법은 자기에게 가장 적합한 시간과 장소를 찾아 활용하는 것이다. 21세기가 진정으로 원하는 사람은 날마다 새로워지려 노력하는 사람, 융합적 사고를 지닌 '창재'다.

생각은 행동을 변하게 한다. 행동은 습관을, 습관은 성품을, 성품은 운명을 바꾼다. 변화의 두려움을 떨쳐 버리고 생각과 행동을 디자인하자.

오늘 나에게 푸드표현예술은 '**융합적 사고**'다.

chapter

05

나 너 우리가 함께 성장하는 학습공동체

한 줄만 곧게 뻗어 있으면 눈길이 갔을까? 다르지만 같고 같지만 다른 너와 나. 서로가 다양함을 인정하고 존중하며 배려할 때 함께 성장한다. 손 하나 먼저 내밀자. 그러면 내일을 꿈꾸며 오늘을 함께 걷는 우리가 된다.

사랑의 고리

이영옥

우리는 타인과의 관계에서 종종 소통의 어려움을 겪는다고 한다. 소통이란 어떠한 것이 막히지 않고 잘 통한다는 뜻을 가진 사전적 의미다. 사람과 사람 사이에 서로 오고 가는 마음 길이 막힐 때 상처를 받기도 한다.

마음의 길, 소통에 대해 생각해 본다. 타인과 원만하지 못했던 소통의 문제를 상대의 탓으로만 생각했었다. 그런데 푸드표현상담사과정을 하면서 나를 뒤돌아보는 기회를 얻게 되었다.

〈빛나는 고리〉

깊이 가라앉았던 나를 드러내기 위해 사랑의 고리 만들기를 하였다. 순도 높은 관계 회복을 위해서다. 예쁜 색 젤리로 하트도 만들고 하얀색 젤리 위에는 막대과자를 꽂아 2개의 촛불을 세우고 좋아하는 별 모양도 만들었다. 덮어 두었던 아니 가려져 있었던 깊은 곳을 쓰다듬기 위해서 양파과자를 반으로 잘라서 끼울 고리도 만들었다. 마음 가는 대로 했더니 치유 산타 님께서 "고리를 이렇게 표현하는 것 처음 보네." 하시며 웃으셨다. 나는 특별한 사람과의 관계를 떠 올리며 그 고리에 하나하나 정성을 담았다. 첫 번째 고리는 사랑을 담고, 두 번째 고리는 신뢰를, 세 번째 고리는 정서를, 네 번째 고리는 건강을, 다섯 번째 고리는 행복을, 여섯 번째 고리는 긍정을 담아서 단단한 사랑 고리를 만들었다. 사랑 고리가 무르익으면서 더 나은 밝음을 위해 자신을 태우면서 환히 비추는 촛불과 칠흑같이 어두운 밤에 반짝반짝 빛나는 별을 생각하면서 별 모양도 만들었다. 나의 마음자리도 한층 밝아졌다. 살아가면서 그 당시는 절대로 감당할 수 없는 상처나 아픔이 지금은 별것이 아니었다는 것을 알게 된다. 지나가는 바람이었다. 서산대사의 「해탈 시」 한 구절 "뭘 그렇게 고민하오. 사랑이 아무리 깊어도 산들바람이고 외로움이 아무리 지독해도 눈보라일 뿐이오. 다 바람 같은 것이라오." 하는 그 구절을 좋아한다. 인생은 무상이었나 보다. 무상함이란 인생에서 만나는 모든 조건과 모든 상황의 특징이다. 인생이 무상하다고 생각하면 허무주의에 빠지기 쉽다. 그렇지만 무상이 허무하다기보다는 모든 것은 언젠가 변하고 사라진다. 항상 변한다. 또는 항상 새롭다는 말이다. 인생무상은 허무가 아니라 변화하는 세상을 보는 진리인 것이다. 그리고 이 순간이 나의 존재를 깨닫게 하는 가장 현실적인 경험이기 때문이다. 이렇게 매순간 변화하는 세상에서 살고 있다면 순간순간을 생의 마지막처럼 아껴서 의미 있게 살아야 한다. 그것은 지금 현재를 사는 것이고 여기 이곳을 사는 것이다. 몸의 느낌에 마음을 기울여 지금 여기에 머물러 보는 일은 나을 통합시켜 가는 첫걸음이 될 수 있는 것 같다.

나의 마음자리도 편안해진다. 나이가 들면 창의적인 능력은 떨어져도 이해능력은 높아진다고 한다.

내 생각 안에 갇히면 어떤 문제에 직면했을 때 엉킨 실타래처럼 풀어내기 힘들다. 닫혀 있는 마음의 문을 열어야 상대방을 바로 볼 수 있고 온전히 품어 안을 수 있게 될 것이다.

긍정적인 생각은 창조적인 에너지를 발산시켜 의욕적이 되게 하며 사라져 버린 과거에 얽매여 고민할 시간과 마음을 다른 방향으로 이끌어 준다.

쇳덩어리를 황금으로, 고통을 깨어 있는 의식으로, 예기치 않은 재난을 깨달음으로 바꾸는 연금술사가 되기를 바라본다.

삶이 즐거웠을 때는 추억으로 생각하고 힘들었을 때는 경험이라고 생각하며 웃어 보련다. 어려웠던 시간들도 아름다움으로 다가온다.

자신에게 물음을 던지며 나를 한 번 더 들여다보고 이해하는 길을 내야겠다. 고리를 단단하게 조이고 삶에 뿌리를 내려 탄탄한 사랑의 길을 만들어 가리라.

나 너 우리가 함께하는 학습공동체에도 단단한 사랑의 고리가 되기를 소망해 본다.

오늘 나에게 푸드표현예술은 '**관계 속의 소통**'이다.

함께하는 어울림

박설희

"함께 가자 우리 이 길을/ 투쟁 속의 동지 모아/ 함께 가자 우리 이 길을/ 동지의 손 맞잡고/ 가로질러 들판 산이라면/ 어기어차 넘어 주고/ 사나운 파도 바다라면/ 어기어차 건너 주자/ 해 떨어져 어두운 길을/ 서로 일으켜 주고/ 가다 못 가면 쉬었다 가자/ 아픈 다리 서로 기대며/ 함께 가자 우리 이 길을/ 마침내 하나 됨을 위하여"

〈함께 가자 우리〉

〈함께 가는 어울림〉

앞의 글은 '노래를 찾는 사람들'의 제목인 '함께 가자 우리 이길'이란 노래 가사말이다. 80~90년대에는 금지곡으로 지정된 노래이기에 집회 장소가 아니면 들을 수 없는 노래이기도 하다. 대학시절 나는 학교 방송국 보도부 기자로서 취재도 하며 기사도 쓰고 뉴스를 진행하며 대학시절을 바쁘게 보내었다. 그런데 왜 갑자기 지금 현재 50대가 되어서 왜 그때 그 시절이 생각이 난 걸까? 이유는 하나인 듯하다. 푸드 전문가과정에서 집단 상담을 할 때의 한 과정 속 미션으로, 주제가 현재 나에게 주고 싶은 의미 있는 작품을 표현해 보는 것이 그런 이유인 듯하다. 현재의 나 자신을 돌아보다가 문득 나의 머릿속에 스치는 것이 있었다. '지금 내가 앉아 있는 이 공간이 아니었다면 진정 나를 알 수 있었을까? 나를 정말 진실되게 돌아볼 기회가 있었을까?' 하는 생각이 들었다. 나, 너, 우리, 교육진흥원의 공동체 모임에서 함께 배우고 함께 연구하며 함께 고민해 보는 시간들을 접하지 않았다면 아마도 지금 나의 모습은 상상이 되지 않는다. 늘 똑같은 일을 반복하면서 엄마로서, 아내로서, 며느리로서 그 자리에 만족하며 보내고 있지 않았을까? 정말 생각해 보면 함께라는 것은 무엇을 하든지 영향력이 클 것이라고 생각한다. 다른 분들도 또한 자신에게 주는 선물을 저마다 표현을 하며 의미를 담아 이야기를 해 주었다. 다시 새롭게 리셋하신 분은 나에게 커다란 축복의 꽃다발을, 다른 분들도 저마다 긍정에너지 기운을 받고 있는 푸드 표현으로 함께 나누어 주는 시간을 보내었다. 더욱더 놀라운 일은 그 긍정의 에너지로 가득한 푸드 작품에 치즈를 가득 뿌린 다음 전자레인지 안으로 넣고 일어났다. 그런 후 열을 가하였더니 더 멋지고 아름다운 작품들로 다시 재탄생하는 것이 아닌가? 음! 이것이 푸드표현예술치료의 근본 사상인 인간 중심의 기본 바탕 나, 너, 우리, 영성으로의 의미라고 해야 할까? 모든 재료가 치즈와 열로 인해 함께 어울려진 모양에 감동을 받았으며 이 글 처음 이야기를 꺼낸 노랫소리가 나의 귓가에 들리는 것 같았다. 그리고 나의 마음속 한편에 있던 마음들이 나의 작품 속에서 표현되는 게 신기하기도 했고 푸드라는 매체가 놀랍기도 했다.

지금도 이 글을 쓰면서 머릿속에 떠오른다. 청춘 20대 시절 친구들과 함께 늘 학교 동아리방에서 함께 웃기도 하고, 함께 슬픔을 나누기도 하고, 함께 괴로운 일이 있으면 밤새도록 막걸리 잔을 기울이던 그때의 장면들이 말이다...... 지금 그 친구들은 무얼 하며 지내고 있을까? 생각난다. 보고 싶기도 하다.

오늘 나에게 푸드표현예술은 '**관계 속의 소통**'이다.

바람개비의 꿈

신시옥

4년 전 개나리가 만발하던 날 평소에 가끔 오던 편두통이 시작되었다. 진통제를 먹으면 하루 정도에 가라앉던 두통이 일주일이 되어도 지속하며 오른쪽 눈이 빠질 듯이 아팠다. 병원 가는 걸 싫어해서 1년에 한 번 건강검진 하러 가는 것이 다였는데 심상치 않음을 감지하고 불안한 마음으로 병원을 찾았다. MRI 촬영을 했다. 50여 분 정도 캄캄한 통 속에서 '쿵쿵'거리는 소리를 들으며 할 수 있는 것이라고는 아무 이상이 없기를 기도하는 수밖에 없었다. 이윽고 찍은 뇌 사진을 설명하며 결과를 알려 주시던 의사 선생님의 어두운 표정을 지금도 잊을 수가 없다. "오른쪽 해면 정맥동에 2㎝ 정도의 뇌종양이 보입니다." 앞이 캄캄했다. 가만히 있어도 계속 눈물이 났다. 도저히 믿기지 않아 오진이기를 바라며 서울에 있는 병원 두 군데를 더 가 보았지만, 결과는 같았다. 해면정맥동은 뇌의 가장 깊은 곳 동맥과 정맥이 교차하는 곳으로 수술도 안 되고 종양이 점점 커져서 상태가 심해지면 감마나이프라는 방사선 치료를 해야 한다고 했다. 몇 날 며칠 불면의 밤을 지나고 내린 결론은 '내일 일은 내일 염려하고 선물로 받은 하루만 감사하며 살자.'였다. 회복탄력성이 있는 나를 발견했다.

지금까지 뇌종양은 그대로 멈춰 있다. 올여름 더위가 한창이던 8월 중순쯤 검사를 앞두고 두통과 함께 불안감이 밀려왔다. 종양이 자랐을까? 푸드표현예술치료 전문가 과정 첫 수업을 앞두고 미련이 남았지만, 포기를 통보했다. "첫 수업은 집단 상담이니 그냥 부담 없이 참여하여 마음이 치유되면 좋겠네요." 강사님의 진심 어린 권유로 힘든 마음을 안고 참여를 하게 되었다. 나는 당근, 오이, 빨간 고추, 옥수수, 파프리카, 키위, 깻잎 등을 이용하여 무의식적으로 만다라를 표현하였다. 불안한 내면을 보이고 싶지 않아서 그랬는지 파프리카로 뚜껑을 덮고 옥수수 겉껍질로 바람개비를 만들어 그 위에 씌웠다.

〈바람개비의 꿈〉

심상을 나누며 '바람개비의 꿈'을 제목으로 붙이고 나의 마음을 진솔하게 털어놓았다. 함께한 분들의 피드백으로 파프리카 뚜껑을 열어 보면 좋겠다고 해서 열었더니 마음이 시원해지는 느낌이었다. 심리학자 칼 융도 스승 프로이트와 결별하고 받은 상처를 만다라를 수없이 그리며 치유했다고 한다. 나도 만다라를 표현하며 치유가 일어나서인지 침체했던 마음에 힘이 생기는 것을 느꼈다. 나는 바람이 없으면 돌지 못하는 바람개비와 같다. 이제까지 바람을 불게 해 주신 하나님과 많은 분이 있었기에 존재할 수 있었음을 고백한다. 지금 여기에도 나를 지지하고 믿어 주고 함께 가는 분들이 있으니 다시 소박한 꿈을 꾸어 본다. 매일 멈추지 않고 감사하며 한 걸음씩만 나아가겠다고.

천사 같은 아이들을 사랑으로 보육하는 일을 오랫동안 하고 싶다. 도움이 필요한 누군가의 손을 잡아 주는 일도 하면 좋겠다. 매일 멈추지 않고 감사하며 한 걸음씩만 나아가다 보면 바람개비의 꿈도 이루어지리라.

오늘 나에게 푸드표현예술은 '**셀프 테라피**'이다.

경험 나누기는 행복 더하기다

임미정

나는 58년 개띠다. 노인이라는 말을 부정하고 싶지만 5060에 해당하는 신중년 노인이다. 100세 시대가 화두인 요즘 어떻게 살아가야 할지 고민하게 된다. 얼마 전 신문에서 나태주 시인의 글을 읽었다. 시인은 늙은 사람은 자신을 위해 살면서 다시금 타인을 위해서 사는 삶의 기회가 있어야 된다고 했다. '혼자만의 능력으로 늙은 사람이 된 것이 아니고 누군가의 도움과 협력 안에서 된 것이다. 이렇게 된 것도 커다란 은혜입음이다. 그러므로 갚음의 노력이 있어야 하며 나눔의 기회를 가져야 한다.'라고 강한 메시지를 준다. 즉, 나이든 사람이 해야 할 일은 내가 가진 지식이나 재물, 경험을 나눠야 한다는 것이다.

양파도 나이 들어가면서 '어떻게 해야 의미 있는 삶을 살 수 있을까?' 사색한 적이 있다. 이순이 지난 지금 천진난만한 아이들과 지내며 하루를 웃음으로 시작할 수 있어 행복하다. 이것을 모티브 삼아 학습공동체로 모임을 가질 수 있어 좋다. 좋은 관계를 맺는 것은 행복한 일이다. 꿈을 꾸며 그 꿈 이룸을 위해 한 발 한 발 내딛는 오늘, 경험을 나눌 수 있는 오늘이 있어 좋다.

깊은 생각에 젖게 한 때가 또 있다. 올해 102세인 『100년을 살아보니』의 저자 김형석 교수의 글을 읽고 나서다. 그의 글에서는 풍성한 삶의 경험을 얘기하며, '인생의 황금기는 60세부터 75세'라고 했다. 양파의 가슴을 설레게 하며 양파를 위로했던 대목이다.

이처럼 독서와 학습은 나를 들썩거리게 한다. 푸드표현상담사과정 중 두 팀으로 나누어 포틀럭 파티를 했다. 각자 준비해 온 재료로 커다란 쟁반 위에 마음대로 표현했다. 이러한 과정은 서로가 하나라는 의식을 주고받게 했다. 매체를 모아 작품을 만들고, 만든 것을 아낌없이 서로 나누었다. 이러한 모습은 서로 자기 것을 챙기느라 정이 메말라 가는 현대인들에게 함께하는 소중함을 일깨워 주었다. 음식을 향해 손을 모을 때 '내 가슴의 열정이 이들의 삶에 향기가 되었으면 좋겠다.'라는 생각을 했다.

〈포틀럭 파티 1〉 **따로 또 같이** 〈포틀럭 파티 2〉

경험은 가기 쉽고 넓은 길을 안내한다. 양파는 이러한 '경험 나눔'으로 학습공동체 멤버들이 여러 분야에서 강사가 될 수 있는 환경을 만들었다.

학습공동체로 성장 발전하는 나, 너, 우리. 몇 년 전부터 나름 실천해 오고 있는 일들이 이번 푸드 학습과 연관성이 있는 것 같아 흐뭇했다. 이제는 푸드 학습공동체를 좀 더 구체화하는 작업이 필요했다.

이번 상담사과정을 계기로 책 쓰기를 하는 것이다. 푸드랑 함께하는 글쓰기는 양파의 '경험 나눔'으로 시작되었다. 푸드 표현 활동 중 심상 나누기는 그동안 경험한 일과 현재의 기분, 미래의 꿈과 희망 품은 내용을 나누는 것이다. 그런 다음 작품을 해

체한다. 책 쓰기 경험이 있는 양파는 '이것은 물 흘려보내듯 할 게 아닌 글쓰기 원천이 될 수 있는 소중한 자원이야. 꽉 붙잡아야 해'. 하는 생각이 들었다. 양파는 생전 시도해 본 적 없는 글쓰기 코치를 자처했다. 지금 생각하니 무슨 용기로 시작했는지 모르겠다. 푸드 표현이라는 경험의 중요성과 공감, 공동체 구성원들의 가능성을 믿었기에 시작된 것이 아닐까. 시작한 만큼 '예쁜 결과물을 만들어야 할 텐데.' 걱정이 앞선다. 양파의 제안과 권유에 용기를 낸 작가들은 열심히 글을 쓴다. 양파도 '왕초보 코치'라는 이름 하나를 얻었다. 이제부터 걱정은 툴툴 털어 버리고 그 역할에 충실해 보자.

꿈꾸는 만년필 작가 수업을 함께 한 분들과 공저한 『초보 작가의 글감옥 탈출기』를 꺼내 다시 한 번 읽어 본다. 양파는 스스로 격려하며, 글쓰기 카페 방 푸드 작가들이 올려놓은 글을 읽고 주제별로 분류해 본다.

올해 상반기는 코로나로 어려움을 겪는 동안 훌쩍 흘러갔다. 시간의 흐름에 묻혀 저절로 나이 들어가는 삶에 의미를 부여하는 것은 행복한 일이다. 김형석 교수가 전해 준 인생의 황금기를 떠올리며, '양파의 황금기는 지금이야.'라며 행복한 미소를 짓는다.

평범한 일상에 색 하나를 더해 보자. 아이들과 함께하면서 경험한 전문성에 푸드 표현을 접목해 '나다움'의 색을 덧칠해 보자. 강사의 길, 작가의 길을 걷는 일은 가슴 설레는 일이다. 이를 지원하기 위한 '경험 나누기는 행복 더하기'다. 이것은 신뢰관계가 있을 때 가능한 일일 것이다.

오늘 나에게 푸드표현예술은 '**경험 나누기**'다.

행복 가득! 사랑의 아이콘

김지윤

이모티콘(Emotion)은 컴퓨터나 휴대전화에 있는 문자와 기호, 숫자 등을 조합하여 만드는 재미있는 표정이나 모양을 뜻한다. 우리는 하루에 얼마나 많은 이모티콘을 사용하는가? 장점은 말을 장황하게 쓰지 않아도 상대방이 나의 감정을 읽을 수 있어 좋다. 그리고 대화 내용과 함께 보내면 훨씬 더 부드럽고 기분 좋게 만들어 주기도 한다.

누구나 한 번쯤은 이모티콘을 사용해 보거나 구매해 보았을 것이다. 직접 구매하지 않더라도 무료로 제공되는 이벤트에 참여하기도 한다. 이처럼 나를 대신해서 귀엽게, 때로는 울적한 내 감정을 대신해 울어 주기도 한다. 이제는 텍스트를 끝마치고 이모티콘을 붙이지 않으면 오히려 어색하거나 밋밋한 느낌이다.

얼마 전 TV에서 이모티콘 작가에 대해 본 적이 있다. 그림 실력이 뛰어나지 않아도 좋은 아이디어만 있으면 누구나 도전할 수 있다고 한다. 요즘은 복잡한 것보다 대충 그린 듯한 것이 더 인기다. 이제 우리 생활 속에 없어서는 안 되는 핵심 아이콘이 되었다.

푸드라는 매체로 이모티콘을 만들어 보는 시간을 가져 보았다. 자기 스스로 주고 싶은 자기 선언문을 표현하였다. 그리고 자신이 누군가에게 전하고 싶은 감정과 마음을

〈사랑과 행복의 이모티콘〉

찾아보고 푸드매체로 표현하여 카타르시스를 경험하고 평소에 자주 하는 마음을 표현하여 만들어 사용함으로써 소통의 기회를 늘리는 것이다.

내 마음이 끌리는 푸드 매체를 가지고 마음이 가는 대로 작품을 만들면서 우리 가족을 생각해 보았다. 남편과 결혼해서 하나에서 둘로, 그리고 셋, 다시 넷이라는 가족 구성원이 되었다. 아들 하나 딸 하나 이 정도면 다 가지지 않았나 하고 만족하였다. 우리 가족이 살아온 추억들이 주마등처럼 스쳐 지나갔다. '힘든 일도 많았지만 그래도 잘 견뎌 내었어. 넌 대단해!'라는 메시지가 먼저 떠올랐다. 그리고 '앞으로 정말 행복해지자! 나 자신도 사랑하고 가족을 더 많이 아끼고 사랑하자!'라는 두 번째 메시지가 떠올랐다. 나는 평소에 가족들에게 사랑한다는 말을 쑥스러워 표현을 잘하지 못하였다. 그래서 '행복해지자 사랑해!' 라는 의미로 만들어 보았다.

풋사과와 천도복숭아 껍질로 그리고 노란색 레몬으로 '사랑해' 문구를, 빨강 파프리카로 'HAPPY'를 표현하였다. 그러고 나서 남편과 아들딸에게 사전에 아무런 설명이나 문자도 없이 내가 만든 행복 이모티콘을 사진 찍어서 보냈다. 생각지도 않던 아들이 제일 먼저 카톡을 확인했는지 '나도 사랑해'라고 메시지를 보내왔다. 감동~. 그 다음은 딸에게서 답이 왔다. 근무하느라 마지막으로 확인한 남편의 메시지는 더 감동이었다.

지금까지 이모티콘이라고 하면 구매해야 한다고 생각했는데 얼마든지 내가 직접 만들어 나만의 것으로 소장하고 다른 사람들에게 내 마음을 표현할 수 있다는 것에 뿌듯하기까지 했다.

이처럼 말을 하지 않아도 혹은 말로 표현하기 힘들 때 나 대신 내 마음을 표현해 줄 수 있어서 좋다. 또한, 마음을 설레고 즐겁게까지 해 준다. 사랑해요, 고마워요, 감사합니다, 덕분입니다, 축하합니다, 최고예요 등의 말을 통해 이모티콘을 주는 사람이나 받는 사람이나 긍정의 마음이 생긴다. 반면에 타인에 대한 적개심이나 불신이 가득하면 신체적인 건강에도 악영향을 미친다고 한다.

우리는 살면서 겪은, 잘 안 됐었던 일은 너무 많이 생각하고 잘 됐던 일은 별로 생각하지 않는다. 더 나쁜 것은 부정 사건에 그렇게 몰두하다 보면 불안하고 우울해진다는 것이다. 이것을 방지하는 한 가지 방법은 잘 됐던 일을 떠올리고 음미하는 일에 능숙해지는 것이라고 하였다.

행복에 관한 명언 중 이런 말도 있다. 라로슈푸코는 근본적으로 행복과 불행은 그 크기가 정해져 있는 것이 아니라 그것을 받아들이는 사람의 마음에 따라서 작은 것도 커지고 큰 것도 작아질 수 있는 것이다. 가장 현명한 사람은 큰 불행도 작게 처리해 버린다. 어리석은 사람은 조그마한 불행을 현미경으로 확대해서 스스로 큰 고민 속에 빠진다고 하였다.

우리 마음에서 행복은 작은 그릇에 담아 조그마한 일에도 감사하고 행복해하고 불행은 커다란 그릇에 담아 큰 불행이 닥쳐도 작게 생각할 수 있도록 마음의 그릇을 준비해야겠다. 행복해지려면 내가 먼저 행복하고 긍정적이고 먼저 사랑해야 한다. 가족에게 사랑하는 사람에게 사랑한다는 말을 아끼지 말고 사용해야겠다.

오늘 나에게 푸드표현예술은 '**사랑의 표현**'이다.

자연에서 변화와 성숙을 배운다

심재영

조이는 겨울이 지나 봄의 시작을 알리는 아주 작은 연둣빛 싹이 입을 벌리는 것을 보면 그 경이로움에 탄성을 지른다. 연둣빛, 초록으로 온 세상을 뒤덮이는 자연의 변화무쌍함에 감격한다. 그래서 조이는 집 베란다 50여 개의 화분에 있는 화초들에게 안부를 묻곤 한다. 움직이지도 못하고 한곳에 머물러 있는 식물들이지만 방긋 웃어주며 이야기를 건넨다.

사람이 만든 것에는 녹이 쓰고 낡고 세월이 지나면 보기 싫은 모습으로 변하지만 자연은 오랜 세월이 지나면 지날수록 그 웅장함과 아름다움과 고귀함에 도취되게 한다. 그래서 조이는 자연이 좋다. 푸드표현상담사과정을 진행할 때 자연과 만나는 시간을 가진 적이 있다. 외부로 나가 각자 원하는 자연물을 찾아오라는 강사님의 말씀에 "아~ 더운데..."라며 에어컨 바람 앞에 그대로 머물고 싶은 마음도 가진 것 같다. 그늘진 곳을 찾아 걸어 보며 색깔 예쁜 나뭇잎부터 작은 들꽃, 뻗어져 있는 이름 모를 식물들을 찾아 봉지 가득 담아 보았다. '우리 주변의 각종 식물의 이름을 얼마나 알고 있나'라는 생각을 하니 '보고 즐길 줄만 알았지 좀 더 세밀하게 알지는 못 하구나'라는 생각이 들었다.

다양한 색의 색지 중에 분홍색 한 장을 집어 들었다. 왠지 초록색에 잘 어울릴 것 같아서이다. 분홍색이라면 어린 여자아이들이 무척 선호하는 색이다. 근데 19세기까지는 분홍색은 남자아이들에게, 파란색은 여자아이들에게 잘 어울리는 것으로 여겨졌다고 한다. 하지만 이후에 서서히 위치를 바꿔 왔는데 큰 전환점은 1953년도 미국의 아이젠하워 대통령 취임식에 영부인 메이미가 분홍색 드레스를 입으면서 분홍색이 여성스러운 색깔로 자리 잡았다고 하니 분홍색에도 역사가 있구나 싶다.

조이는 항상 '땅속에는 어떤 일들이 일어날까? 어떤 생명체들이 땅속에서 세상 밖으로 나오려고 준비하고 있을까?'를 생각하며 땅속과 땅 위의 경계성 표현에 긴 들풀을 사용했다. 나뭇잎을 즐비하게 깔아 놓아 본다. 나뭇잎 아래에 아주 작은 생명체가 작은 변화들을 기다리며 인내의 시간을 보내고 있다. 언젠가 꿈틀꿈틀 새로운 생명이 대지 위를 날아오를 것을 기대하며 말이다. 기다림이 또 다른 성숙함이다.

인간의 변화와 성숙은 언제부터 시작되는 걸까? 나이에서 오는 걸까? 지식에서 오는 걸까? 아니다. 자신의 부족함, 자신의 어두움이 발견될 때부터 시작인 것이다. 그것이 발견될 때 변화와 성숙이 오는 것이다. 자아의 발견이다. 그럴 때 진정한 감사도 나온다.

작은 생명체가 하늘 위를 날아 올라가는 모습을, 들풀을 서로 붙여 모습을 표현하며 조이도 꿈을 꾸며 하늘 높이 올라가 본다. 활짝 핀 꽃송이를 대지 위에 놓아 보았다. 그 송이에 씨앗이 맺혀 땅에 떨어지면 더 많은 꽃들이 세상을 행복하게 만들어 줄 것이라 믿어 보며 말이다. 우리 주변에 있는 흔한 나무, 들풀, 들꽃, 작은 움직임들이 우리에게 오기까지 그들에게도 비바람을 견뎌야 했고 추위와 더위를 견뎌야 했고 때론 그들만의 적들에게서 공격도 있었을 것이다. 그것을 참

〈자연은 생명〉

고 견뎠기 때문에 또 다른 생명들이 자라고 있지 않은가? 씨앗을 맺고 작은 잎사귀에 알들을 낳고 땅속 깊이 새로운 생명들을 고이고이 숨겨 생태계를 이어가는 자연이 그래서 위대하다. 인간은 이 자연이 없으면 살아갈 수 있을까? 자연은 사람을 숨을 쉬게 한다. 자연은 사람을 위해 신이 주신 선물이다. 그래서 우리 주변에 소중하지 않은 것이 없다.

소중하지 않은 경험들이 없다. 사람이 살아가면서 경험하는 순간순간들 또한 삶을 익어 가게 하는 성숙함인지 않은가!

희로애락을 마음에 담고 오늘도 평범한 일상에 감사하며 조이는 자연을 바라본다.

오늘도 작은 자연은 작은 날갯짓으로 자기의 일들에 열심을 다한다. 바람을 느끼며 자기의 보존을 위해 알알이 열매를 맺고, 생명을 낳는다.

조이는 가슴 활짝 두 팔 벌려 자연을 입안 가득 넣어 본다. 그리고 높이 하늘을 향해 감사를 표현하며 자신을 들여다보며 더 큰 성숙을 향해 나아간다. 나에게 기적 같은 하루하루가 감사임을 알아 가게 한다.

오늘 나에게 푸드표현예술은 '**모든 것에 감사**'이다.

인생 이모작을 시작하며

김옥남

어둠이 걷히고 빛이 비치면 잠에서 깨어난 우리는 원초적 본능에 따라 움직임을 시작한다. 빛이 우리를 일으키면 우리들은 어제 걸었던 길을 또다시 걷는다. 오늘 걷는 길은 어제와 같지만 다른 길이다. 날마다 다른 새로운 길은 때로는 설렘으로, 때로는 불안과 두려움으로 다가온다. 두려움은 우리를 뒷걸음치게 하지만 우리는 묵묵히 두려움에 맞선다. 가보지 않은 길은 우는 사자 앞에 서 있는 것 같은 두려움과 가시와 엉겅퀴가 있는 길을 걷는 것과 같지만 우리에게 성취감과 숨겨진 잠재력을 발견하게 해 준다. 그러나 두려움을 혼자 힘으로 극복하기는 쉽지 않다. 새로운 일을 시작할 때는 누군가의 도움이 필요하다. 누군가에게 도움을 구하는 것은 부끄러운 일이 아니다. 세상에는 숨은 선한 사마리아인들이 참 많다. 밀림의 왕자 타잔이나 6백만 불 사나이가 아니더라도 그냥 옆에만 있어도 힘이 되는 사람도 있다.

인생 이모작을 시작한 나에게 어느 날 선한 사마리안들이 나타났다. 그동안 해 온 일과는 전혀 다른 새로운 일이라 나의 마음은 불안과 두려움에 쌓였다. 두 딸과 함께 시작한 작은 사업이 생각처럼 쉽지 않았다. 육체적으로 고된 일과 까다로운 작업 과정, 작은 실수로 큰 손실을 보게 되는 일들이 많았고 모든 일들이 생소하고 낯설어

나의 마음을 짓눌렀다. 우리 속담에 '백짓장도 맞들면 낫다'는 말이 있다. 나의 체력과 지력이 한계점에 다다랐을 때 격려의 말 한마디가 얼마나 큰 힘이 되고 용기를 주는지. 백짓장 한 장을 같이 들면 더 가벼워진다는 속담이 무슨 말인지 알 수 있었다. "식물에게 물이 필요하듯 사람에게는 격려가 필요하다"는 드레이커스의 말이 너무나 절실했다. 나에게 격려를 주고 용기를 준 분들에게 감사를 드린다. 나는 그들로 인해 두려움과 맞설 수 있는 힘을 얻었고 내가 선 자리를 끝까지 버틸 수 있는 힘이 생겼다. 인생 이모작은 쉬운 일이 아니다. 그러나 함께하면 능히 해낼 수 있다.

'동촌댁[1]'을 시작할 즈음 푸드표현상담사과정을 시작하게 되어 푸드를 통해 새로운 인연을 만났고 그들과 소통하면서 많은 격려와 힘을 얻었다. 푸드는 상담 도구가 되어 쇠빗장으로 단단히 걸어 놓은 나의 마음을 자연스럽게 열어 주었고 돌같이 굳은 나의 마음을 부드럽게 만들어 주었다. 푸드는 말로 표현할 수 없는 것들을 표현하게 해 준다. 마음이 가는 대로 손이 가는 대로 표현을 하다 보면 자신도 모르는 자아를 발견하게 되어 자신을 이해하고 타인을 이해하게 된다. 내가 가장 힘들고 지쳐 있을 때 만난 푸드표현예술치료는 나를 만나게 해 주었고 나의 미래를 구체화시켜 주었으며 마음의 쉼을 안겨 주었다. 푸드의 모양과 색깔은 깊은 내면의 세계를 끌어올리는 도구가 되었다. 푸드가 우리에게 주는 유익은 한두 가지가 아니다. 평소에 맛있게 먹었던 방울토마토를 가지고 나의 심상을 표현해 보았다. 어렸을 적 친구들과 뛰어놀다 텃밭으로 달려가 손으로 뚝 따서 바지에 슥슥 문질러 크게 한입 배어 배고픔을 달래 주었던 가지로 나의 미래이자 나의 정체성인

〈찬란히 떠오르는 동촌댁〉

1) 한국 전통디저트 사업명

'동촌댁'을 표현해 보았다. 하얀 접시 위에 빨갛게 익은 방울토마토를 올리고 방울토마토를 가늘게 썰어 태양에서 뿜어져 나오는 빛을 표현하니 내가 선택한 일이 잘 될 것 같은 기분이 들었다.

푸드로 나의 마음을 표현한 후 한참을 바라보니 기분이 좋아졌다. 새로운 에너지가 불끈 솟아 올랐다. 넓은 바다에서 힘차게 떠오르는 태양처럼 나의 사업이 찬란하게 펴져 나가길 바라 보았다. 그리고 많은 사람들에게 감동을 주고 행복을 주는 일이 되기를 간절히 소원해 본다. 나에게 힘과 격려를 주신 사랑하는 사람들에게 감사드린다.

'동촌댁'은 인생 후반전을 아름답게 수놓을 멋진 작품이 될 것이다.

오늘 나에게 푸드표현예술은 '**인생 이모작**'이다.

매일 한 뼘씩 성장하는 나

김경화

아침부터 분주하게 움직였다.

오늘은 푸드표현예술 심리치료 전문가 과정 집단 수업을 하는 첫째 날이다.

플로리시(flourish)한 행복 열기로 온몸과 마음이 힐링되는 시간이 되었으면 하는 기대이다.

김지유 소장님은 일상 가운데 행복하고 즐거운 시간을 선택하기 위해 주제를 "행복한 고독 속에 머무르는 시간"으로 제시해 주었다.

잠시 고독한 나와의 만남을 위해 몰입하는 시간을 가졌다. 축복의 통로는 인간관계에서 있었던 일이 순간 떠올라 갑자기 분노가 치밀었다. 그 사건을 가끔씩 행복으로 클릭하고 싶고, 긍정적인 마음으로 부팅하고 싶지만, 순간순간 분노와 섭섭함에 사로잡혀 행복 열기가 잘 되지 않는 모습들이 발견되어졌다. 사회 관계 속에서 함께 도와주고 지지하며 지냈던 사이였는데 어느 날 나를 배제하고 활동하는 모습에 욱하는 마음이 올라왔다. 한 번도 아니고 몇 번이나 반복되어진 상황이 나의 마음을 힘들게 했다.

이런 관계를 통해 나 자신에 의한 것인지 타인의 행동에서 비롯되었는지 그 배경과

의미를 침묵 가운데 객관화하고 내면을 통찰해 보는 시간을 가졌다.

고독 속에 잠시 머무르는 동안 축복의 통로는 나의 내면을 들여다보았다. 왜 나는 다른 이보다 더 분노하는지 더 힘들어하는지 이 상황의 근원을 알기 위해서는 어린 시절의 나로 돌아가 보았다. 그렇지! 그렇지! 어릴 때 나의 환경적인 요인과 양육과정으로 지금의 내가 되었지. 과거의 일은 받아들이고 지금 내가 할 수 있는 것은 긍정으로 해석하고 좋은 생각으로 바꾸는 것이며 그것이 가장 최선임을 알게 되었다. 나를 좀 더 이해하며 내면의 근육이 단단해져 가는 시간이 되었다. 무작정 남 탓만 해서 원망할 문제가 아니라 좀 더 폭넓은 시각으로 상황을 받아들이고 힘들지만, 용서를 해야 할 것 같다.

그러기 위해서는 먼저 나의 감정들을 알아차리고, 따뜻하게 보듬어 주고, 안아 주는 시간이 필요했다.

상처 난 마음이 잘 아물 수 있도록 시각을 좀 더 넓혀 그 상황을 바라보기 시작했다.

섭섭한 감정들을 진솔하게 표현했는지, 나의 감정을 충분히 보듬어 주고 위로와 격려가 있었는지 나를 그 상황 속에서 깊이 만나 본다. 몇 번이고 이런 불편한 상황들을 직면해서 해결하고 싶었지만, 도저히 용기가 나지 않았다. 마주 대하면 섭섭함과 속상함이 거친 언어로 표현하게 될 것 같은 나 자신을 잘 알았기 때문이다.

〈다양한 감정〉

먼저 나와의 만남을 충분히 경험한 후 푸드로 표현하기 위해 매체들을 선택했다. 마음속의 감정을 표현하기 위해 계란을 선택했고, 빨강의 에너지와 희망의 색깔인 주황색 당근, 생명의 빛 초록색 깻잎을 선택했다. 계란처럼 솟구쳐 오르는 감정들을 누르거나 무시하지 말고, 나의 감정을 알아차리고, 보듬어 주고, 존중할 때 건강한 마음, 건강한 몸으로 바뀔 것이다. 이런 나와의 만남을 통해 긍정 정서로 인정되고 깨달음이 있을 때 주변이 자연스럽게 행복으로 넘쳐 날 것이다.

성장은 내 안의 어두움을 만날 때 시작된다고 했던가!

이 과정을 통해 한층 더 나와의 관계, 가족 간의 관계, 직장 안에 있는 아이들, 교사, 학부모와의 관계, 사회적 관계들이 폭넓게 이해되고, 성장하는 시간이 되어 감사할 따름이다.

오늘 나에게 푸드표현예술은 '**성장**'이다.

성장을 향한 꿈 발전소

김지윤

푸드표현을 통한 자기 탐색으로 오늘은 소중하고 아름다운 나의 모습, 비전 꽃꽂이를 표현해 보았다. 가끔 길거리에 가면 다양한 종류의 뻥튀기가 지나가는 사람들을 유혹하기도 하는데 그중 알록달록하고 사탕처럼 동그란 색뻥과자가 눈에 들어오곤 했다. 꽃 대신 이 색뻥과자와 팝콘, 과자들을 가지고 스파게티 면으로 끼워서 나만의 꽃꽂이를 만들었다. 스파게티 면이 부러지지 않게 조심스럽게 끼우면서 내가 이루고자 하는 미래의 꿈들을 하나씩 생각해 보았다.

우리는 모두 꿈이 있고 이루는 힘을 가지고 있다. 이루고 싶은 꿈이 있고 그 꿈을 위해 노력한다면 우리는 행복해질 수 있을 것이다. 그러니 마음에 꿈을 크게 가져야 한다. 작품을 표현하면서 나의 강점은 무엇인지 내가 이루고자 하는 꿈은 무엇인지 곰곰이 생각하며 하나씩 예쁜 메모지에 적어서 작품에 함께 꾸며 주었다.

〈꿈은 이루어진다〉

한 명씩 미래에 대한 자신의 꿈 목록을 팀

구성원들에게 발표하였다.

첫 번째 목표는 지금 공부하고 있는 유아교육 박사학위를 취득하고, 앞으로 더 폭넓은 분야의 공부를 하고 싶다는 것이다. 현재 학습모임을 통해 배움의 폭을 넓히고 있다. 다가올 미래는 융합의 시대이다. 모든 기술과 학문은 이제 경계의 벽을 허물고 자유롭게 넘나들고 있고, 앞으로는 새로움을 추구해야 한다는 것이다.

자신의 전공 분야만 공부할 것이 아니라 변화에 대응하는 미래를 준비해야 하며, 앞으로 다양한 분야의 공부는 필요하다. 전 생애에 걸쳐 죽을 때까지 배우는 평생교육의 시대에 누구나 마음만 있으면 언제든지 공부할 수 있다. 돌이켜보면 내가 지금까지 공부할 수 있었던 것은 뭐든지 새로운 일에 도전하고 공부할 때 걱정과 두려움도 있었지만 남편의 잘할 수 있다는 긍정적인 응원의 메시지와 아낌없이 주는 도움 덕분이었다.

어느 노래 가사에 우리는 늙어 가는 것이 아니라 조금씩 익어 가는 것이라고 했던가… 나이가 들수록 경험과 지식이 조금씩 쌓여 익어 가는 지금이 나는 좋다.

두 번째는 내 이름으로 책을 출간하는 것이다. 누군가 내가 쓴 책을 읽는다면 어떤 기분일까? 멀게만 느껴지고 먼 미래의 꿈처럼 생각하고 있다가 얼마 전 푸드표현상담사과정을 하면서 도전하게 되었다. 시작이 반이라고 열심히 동참하고 있다.

세 번째는 다른 사람의 훌륭한 강의를 듣는 것을 좋아하는데 나도 언젠가는 많은 사람 앞에서 청중을 사로잡고 내 강의에 몰입할 수 있는 멋진 강사가 되고 싶다. '세상을 바꾸는 시간 15분'이라는 강의를 즐겨 듣는다. 짧은 시간이지만 전달하고자 하는 핵심만 모아서 알차게 강의하는 전문가들을 보면서 나도 저런 파워풀한 강사가 되고 싶다는 꿈을 꾸게 되었다.

네 번째는 전 세계를 여행하고 싶다. 바쁘기도 하지만 올해는 특히 코로나19로 인해 해외여행이 중단되고 일상이 묶여 버렸다. '걸어서 세계 속으로'라는 프로그램은 나를 세계 여러 나라의 다양한 인종, 그 나라의 대표 음식과 전통문화를 체험하고 대리만족할 수 있게 해 주었다. 지금은 어렵지만 언젠가는 한번 가보고 싶다는 생각을 하며 전 세계를 여행하는 미래를 꿈꾼다.

마지막으로 은퇴한 이후 내 나이 70세쯤 되었을 때 전원주택에서 평안하고 여유를 즐기며 건강하게 자연 속에서 살고 싶다. 사계절 꽃을 가꾸며 독서를 하고 차를 마시는 모습은 상상만 해도 나를 미소 짓게 한다.

구체적이고 간절한 꿈은 반드시 이루어진다고 한다. 말이 주는 힘이 있다. 나는 나의 비전 꿈들을 마음과 뇌에 새기며 다시 한 번 각인시켰다. 말은 또한 견인력이 있다고 한다. 내가 하는 말이 곧 그 말대로 끌고 간다는 것이다.

최근에 읽은 김미경의 『리부트』라는 책에 따르면 꿈은 내가 주는 꿈의 재료들을 먹고 자라서 나를 더 괜찮은 사람으로 만들어 줄 것이며, 누구나 5년 이상 집중해서 노력한다면 남과 비교 자체가 불필요한 자신만의 코어 콘텐츠를 갖게 된다고 한다.

꿈이 현실이 되는 그날까지 오늘도 나는 배우며 가르치는 학생이자 교사이다. 내가 계획한 꿈이 현실이 되도록 하기 위해서 꾸준히 핵심역량을 키워 나갈 것이다.

성장을 향한 꿈 발전소는 현재 진행형이다.

오늘 나에게 푸드표현예술은 '**새로운 비전**'이다.

나 너 우리가 함께 성장하는 학습공동체

임미정

〈학습공동체〉

학습공동체라는 이름이 생소했던 때가 있었다. 박사학위 논문 주제를 정하기 위해 머리가 쥐가 날 정도로 고민했다. 대학도서관, 리스, 국회도서관 사이트에 탑재된 많은 논문을 검색하고 읽었다. 대학원 입학 전 나의 주된 관심 분야는 '다문화'와 '안전'이라서 이 분야에 관해 쓰려고 했다. 첫 생각과 다르게 주제를 바꾸었다. 처음부터 다시 시작했다. 시간이 부족해 부담 백 배였다. 아젠다 발표를 하기까지 두 학기 이상 불 밝힌 밤을 하얗게 지새운 것 같다. 이렇게 해서 마무리된 학위 논문은 「보육교사의 사회자본 및 교사학습공동체와 직무수행능력과의 관계」이다.

늦깎이 학생으로 입학해 이순을 앞두고 논문을 완성하기까지 나의 무모함은 극치를 드러냈다. 컴퓨터에 익숙하지 않아 자료 정리하는 데도 젊은이들보다 시간이 몇 배 더 걸렸다. 이런 상황에서 논문을 마무리할 수 있었던 것은 논문을 쓰기 전 모여서 학습할 기회를 많이 가진 덕분이라고 감히 말하고 싶다. 어린이집을 운영하면서 교사들과 함께 학습하는 시간을 자주 가졌다. 새로운 교육이 있으면 먼저 달려가 과정에 참여했다. 지자체와 함께하는 스몰 체인지 안전 스터디에도 참여했다. 이러한 과정들은 동아리나 학습공동체로 부를 수 있는 모임들이다.

내 논문을 쓰기 전 어린이집에서는 '학습공동체'라는 이름이 불리지 않았다. 논문 심사를 맡았던 교수님 한 분이 이런 말씀을 하셨다. 어린이집에 '교사학습공동체'라는 이름을 사용하게 된 것은 매우 유의미하다고. 학습공동체는 비단 유아교육기관에 종사하는 사람만 해당하는 것이 아니다. 다소 차이가 있겠으나 아동이나 성인 모두 학교나 기관들에서 모여 학습하는 형태면 학습공동체가 지향하는 목표를 달성할 수 있다. 학습공동체 참여는 공동체 구성원들의 상호작용과 그들이 지니고 있는 지식 공유를 통해 함께 성장하며 직무능력을 향상한다. 나아가 전문성 향상을 가져오며 나 너 우리라는 보다 친밀한 네트워크가 형성된다.

이처럼 연구를 통해 학습공동체의 힘을 알았기에 이것을 학문에서 뿐만 아니라 우리의 삶에 적용하고 싶었다. 그래서 경남영아보육연구회와 안전문화연구소를 만들어 인근 어린이집을 운영하는 원장들과 함께 실천하고자 했다. 전문성을 향상시키고자 정보를 공유하며 교제도 나눴다. 덕분에 구성원들의 성장한 모습이 돋보인다. 대나무 죽순이 쑥쑥 자라듯 말이다.

우리는 '푸드(food)학습공동체'로 다시 만났다. 문득 소녀 시절 자주 읊었던 김춘수 시인의 「꽃」이라는 시가 생각난다. '푸드학습공동체'. 하나의 의미 있는 네트워크다. '내가 너의 이름을 불러주기 전에는 너는 다만 하나의 몸짓에 지나지 않았다. 내가 너의 이름을 불러주었을 때 너는 나에게로 와서 꽃이 되었다.'

첫날 수업은 이론과 푸드표현예술 활동하기, 작품 감상 후 마음 돌아보기를 했다. 내 안의 또 다른 나를 만나보는 시간이었다. 자신에 대한 상징과 은유적 표현을 작품으로 표현하며 자기 성장의 욕구, 자기실현 경향성을 나타내는 작업이었다. 나의 별칭은 양파다. 나는 누구인가? 마음을 고르고 지금 나의 기분을 바라보았다. 심상은 자신과 가족을 우선하기보다는 학습공동체의 일원으로 가득 차 있었다.

접시, 도마, 칼 등 준비물을 챙겼다. 푸우 님이 수강생을 위해 기쁨으로 준비한 알록달록한 여러 가지 과일을 앞에 놓고 자신의 알아차림을 표현했다. 먼저 키위를 얇게 잘랐다. 또 반으로 나눠 희망의 씨앗을 놓았다. 빨간 방울토마토로 꽃을 피우고, 주황색 피망을 길쭉하게 오려 열정을 표현했다.

이번 수업은 주로 자기 탐색의 시간이었다. 푸우 님은 수업을 마치며 수강생들에게 "오늘 나에게 푸드표현예술은 ○○이다."라고 얘기해 보라고 하셨다.

푸드표현예술은 "'거울'이다. '인연'이다. '감성'이다. '새로움'이다. '공감'이다. '무의식'이다. '학습공동체'이다. '놀이터'다. '창의성'이다. '행복'이다."라며 많은 수식어가 붙여졌다. '푸드'라는 매개체로 나를 표현하며 새로움을 경험했다.

'학습공동체'는 나 너 우리에게 또 한 번의 성장을 이룰 기회를 만들어 줄 것이라 생각한다. 전문성 향상을 이룬 이론적 연구가 현실에서도 그 힘을 발휘하리라 믿어 의심치 않는다. 앞의 시 「꽃」처럼 하나의 의미가 될 것이라 믿으면서 말이다.

함께하면 보다 행복하게 멀리 갈 수 있다. 따로 또 같이, 하나보다는 둘, 둘보다는 셋. 너와 내가 함께하는 공동체 안에서 무한 에너지가 창출된다. 에너지 근육이 단단해지고, 집단지성의 힘을 발휘하게 된다.

미래사회를 불확실한 시대라고 일컫기도 한다. 힘들고 지칠 때, 서로 위로하고 격려하는 동행의 삶이 필요하다. 시인의 말처럼 너는 나에게 나는 너에게 잊히지 않는 하나의 눈짓이 되어 꿈 너머 꿈을 향한 행복의 길을 함께 걸어가 보자.

오늘 나에게 푸드표현예술은 '**학습공동체**'이다.

chapter

06

플로리시(flourish)한 삶을 향한 첫걸음

아침 이슬 먹은 화초를 보면 그저 행복해진다. 행복은 의도적인 활동과 마음먹기에 따라 그 농도가 달라진다. 따로 또 같이하며 어우러지는 관계일 때 행복은 더욱 화사하게 피어난다.

꿈 너머 꿈

신시옥

"꿈을 꾸는 사람은 늙지 않는다. 나무처럼 매일 성장하고 가지를 뻗어 나간다."

시인 롱펠로가 한 말이다.

나는 초등학교 때 교사가 꿈이었고 중고등학교 때는 간호사가 꿈이었다. 가정 형편이 어려워서 여상을 나와 졸업 후 바로 취직을 하였다. 그러나 미련이 남아 야간 입시 학원에 다니며 공부를 하여 간호대 시험을 쳤는데 떨어져서 포기하였다. 꿈을 이루지 못하고 결혼 후 두 아이를 키우며 주부로 살았다.

사십이 넘어서 어린이집 교사가 되어 늦게 꿈을 이룬 셈이다. 딸이 간호대를 졸업하고 지금은 간호사가 되어 엄마의 못 다한 꿈을 대신 이루어 대견스럽다.

나의 인생은 어느새 전반전이 끝나고 후반전에 들어섰다. 어떤 방향으로 어떤 목표를 향해서 나가야 할까? 꿈 너머 꿈을 꾼다. 즉, 이타적인 삶이다. 지금까지는 나와 가족을 위해서 살아왔다면 이제는 고단한 세상살이에 지쳐 아프고 힘든 사람에게 다가가서 위로해 주는 '치유자'의 삶을 살고 싶다. "사람이 온다는 것은 엄청난 일이다. 왜냐면 그 사람의 일생이 오기 때문이다" 정현종 시인의 시구이다. 푸드표현상담사과정을 통해 좋은 사람들을 만났다. '나, 너, 우리'의 정신을 추구하며 더불어 사는 삶을 살아 내고 계시는 김민용, 김지유, 임미정 님과의 만남은 행운이다. 앞서 '꿈 너머 꿈'을 향해 가시는 이분들을 모델링하며 함께 '초심'을 잃지 않고 묵묵히 가보려고 한다.

나는 산책을 하며 채취해 온 자연물을 가지고 꿈 너머 꿈을 표현해 보았다. 인간관계속에서 신뢰와 사랑을 주고받으며 살고 싶은 마음에 파란색 도화지를 선택하였다. 나뭇잎으로 숲을 만들어 어릴 적 동심의 꿈을 표현하였다. 동그란 까만 열매로 늦게 이룬 교사의 꿈을 나타내었다. 조개껍질 안을 드러내어 나의 후반전 '꿈 너머 꿈'을 표현해 보았다. 세 개의 조개껍질 안에 기쁨, 감사, 기도를 가득 채운다. 그래서 선한 영향력을 흘려보내는 축복의 통로가 되는 꿈을 꾼다.

〈꿈 너머 꿈〉

나는 푸드표현상담사과정을 통해 셀프 치유를 경험하였다. 또 푸드표현 예술치료 프로그램으로 중, 고등학생의 상담을 진행했었다. 어떤 학생은 자신의 고민을 풀어놓으며 문제해결의 실마리를 찾는 것을 보았다. 입시경쟁에 시달려 꿈도 없이 방황하는 청소년들에게 기회가 있으면 꿈을 심어 주는 일을 하고 싶다. 쓰레기 줍는 작은 봉사부터 아프고 힘든 사람을 위해 기도해 주고 돌아보는 일, 열방 선교 등 '봉사의 삶'을 살아가려고 한다.

수년 전부터 봉사동아리 '성산복지공동체'에 소속되어 지역아동센터 아이들의 생일파티 열어 주기 봉사를 시작으로 장애인시설 목욕 봉사를 해 왔다. 코로나로 인해 지금은 봉사를 못 해 안타깝다. 내가 누군가의 작은 필요를 채워 주는 삶이 가치 있고 아름다운 삶이리라. 휴가 때는 해외 선교를 나가 우리나라 전통부채춤과 사물놀이 공연을 하고 음식을 나누며 교제를 했다. 봉사는 나의 삶을 더 풍성하게 하고 나를 겸손하게 하며 성숙하게 한다. 내가 살아서 존재하는 동안 '선한 사마리아인'처럼 어려운 이웃의 친구가 되어 주고 싶은 소망이 있다. 나의 꿈 너머 꿈인 후반전의 '이타적인 삶'이 매일 자라나 나도 너도 우리도 행복한 아름다운 세상을 가꾸어 나가는 데 일조하고 싶다.

오늘 나에게 푸드표현예술은 '**동심**'이다.

다양성을 수용하자

김경화

남편은 "나는 자연인이다"라는 프로를 잘 보는 편이다. 개그맨 이승윤, 윤택씨가 자연인과 만나서 그들의 일상을 그대로 체험하고 소통하며 보여 주는 프로그램이라 재미가 쏠쏠한가 보다. 누구나가 자연으로 돌아가 힐링과 행복을 누리고 싶은 것이 현대인들이 바람이 아니겠는가? 프로그램 진행을 하는 이승윤씨가 어느 프로그램에서 잠시 강연한 것이 생각나 몇 자 적어 본다. 그는 "나는 자연이다"를 촬영하는데 처음에는 적응하기가 너무 힘들었다고 한다. 물론 지금은 자연스럽게 일상이 되었지만 말이다. 그들이 먹는 이색음식, 몸과 마음, 자연인과의 소통이 아닌 불통 등….

촬영을 계속하면서 이런 불편하고 힘듦의 이유가 발견되었다고 한다. 그는 자연인들에게 "이렇게 사는 것이 불편하지 않으세요? 전기가 없어서 불편하지 않으세요? 계속적으로 불편하지 않으세요?"라는 질문을 하는 중에 어느 자연인의 대답이 "네가 불편하다고 단정을 짓고 이야기를 하느냐"라는 답변을 듣고 그동안 불편한 것이 환경적인 요인이 아니라 편견에 사로잡힌 본인의 문제였음을 깨닫게 되었다고 말했다. 계속해서 그들을 가르치려고 했고 본인이 가진 게 더 많아 행복하고 더 나은 삶을 살고 있다는 편견으로 촬영 내내 힘이 들었다고 한다. 오늘 푸드 표현 집단교육 나눔을 통해서 얼마나 우리는 사람들과의 관계와 일상 속에서 이런 편견을 가지고 세상을 바라보고 생활하고 있는지 잠시 축복의 통로는 생각에 잠겨 본다.

어제 김지유 소장님의 진행으로 행복한 고독을 선택하며 플로리시(flourish)한 행복열기에서 작품을 만들고 서로 나누는 시간을 가졌다. 그리고는 모두 일어나 작품들을 테이블 위에 세팅하고는 빙글빙글 돌았다. 소장님은 자기가 끌리는 작품 앞에 서서 대화를 나누어 보라고 했다.

〈마음에 끌렸던 작품〉

〈다양함을 수용하기〉

축복의 통로는 마음에 끌렸던 작품에 서서 대화를 나눴다.

그 작품은 적양배추와 생명의 빛인 초록 고추, 노랑 파프리카, 오이를 동그랗게 썰어서 "눈"을 표현한 것이었고 이는 마치 다양함을 수용하는 눈처럼 보여졌다.

머리에는 많은 고추씨들이 뿌려져 있어 틀에 박힌 나만의 고정관념을 버리고 서로가 가진 각자의 생각을 인정하고자 하는 것 같았다. 귀는 노랑 파프리카로 활짝 열려 있어 다양한 소리들을 듣고자 하는 마음이 느껴졌다. 이렇게 푸드의 각양각색의 색깔처럼 다양함들을 수용하고 싶은 마음이기에 끌렸던 것이다.

축복의 통로는 어제 보았던 작품을 기억하여 느낌대로 다시 표현하기 시작했다.

낮에 동료들과 함께 마트에서 사 온 것과 소장님이 가져온 커피가루가 놓여져 있었다. 먼저 커피가루에서 나오는 향기가 코끝을 기분 좋게 자극해서 얼굴로 표현해 보았다. 별모양의 과자를 선택해 얼굴 주변을 꾸미고 양파링을 눈과 귀로 표현해서 그 안에는 여러 가지 색깔을 넣어서 다양함을 보고 들으며 수용할 때 나의 얼굴에는 기쁨과 행복이 넘침을 표현했다.

'내가 가지고 있는 "옳다"라고 생각하는 편견과 선입견의 틀을 하나씩 내려놓고 서로의 다름을 인정하고 존중할 때 모든 관계들도 좋아질 뿐 아니라 아름다운 세상을 만들 수 있지 않을까?' 생각한다.

오늘 나에게 푸드표현예술은 '**수용**'이다.

흘려보내기

김옥남

가을이다. 주말을 맞아 집 근처로 나들이를 갔다.

파랗다 못해 검푸른 빛을 띤 하늘과 맑고 시원한 바람은 오랜만에 나들이를 온 우리에게 한 아름의 선물이 되었다. 창밖으로 보이는 알록달록 산과 하얀 구름을 카메라에 담느라 딸들의 손놀림은 분주하다. 며칠을 힘들게 일하고 난 뒤라 오늘의 나들이는 더없이 행복하고 즐거웠다. 나들이를 하는 동안 우리는 새로 시작한 사업에 대해 각자의 생각을 나누었다. 철저한 계획과 준비 없이 의욕만 가지고 시작한 사업은 어려움도 있었지만 앞으로 성장될 모습을 기대하니 기분이 좋았다. 내가 살아온 삶이 어려움과 시련의 삶이였기에 나의 소망은 어려움을 겪고 있는 사람들에게 희망을 주는 것이다. '오늘 밤 이대로 무덤으로 내려갔으면….' 생각하면서 살고 있을 때 대가 없이 나를 도와준 키다리 아저씨. 그의 관심과 섬김이 지금의 나를 있게 해 주었다. 이제는 내가 흘려보내야 할 때다. '가난한 자를 불쌍히 여기는 것은 여호와께 꾸이는 것이니 그 선행을 갚아 주시리라', '귀를 막아 가난한 자의 부르짖는 소리를 듣지 아니하면 자기의 부르짖을 때도 들을 자가 없으리라.'라는 성경 말씀이 있다. 눈을 들어 주위를 살펴보자. 내가 받은 사랑만큼 다 갚을 수는 없지만 이제부터 나의 것을 흘려보내자.

내가 사는 곳엔 산들이 많다. 기묘하게 생긴 산, 이름이 알려져 늠름하고 기풍이 넘치는 산, 나지막한 앞산과 뒷산도 있다. 나는 산을 좋아한다. 산은 어머니의 품속 같다. 거기엔 끝없이 솟아나는 옹달샘이 있고 나무마다 풍성한 열매도 있고, 비바람을 피할 바위도 있다. 산은 조건 없이 자신의 것을 흘려보낸다. 마치 아낌없이 주는 나무처럼. 값없이 거저 받은 생명들은 마음껏 누리다가 다시 산에게 되돌려 준다. 이렇게 해서 산은 더욱 푸르고 아름다워진다.

〈산을 닮고 싶은 나〉

나도 이런 산이 되고 싶다. 오늘 이 소망을 푸드로 표현해 보았다. 산이 품고 있는 풍성함을 키위와 피망, 방울토마토로 표현해 보았다. 키위 속에는 작지만 많은 씨앗을 품고 있다. 비록 작은 씨앗들이지만 땅에 심겨지면 아름드리 큰 나무가 되어 풍성한 열매를 맺는다. 한 알의 씨앗이 많은 열매를 맺듯, 나의 작은 섬김이 많은 사람을 살리고, 그 생명이 또 다른 생명을 살리기를 소망한다. 키위 껍질을 벗겨 냈다. 거칠고 따가운 껍질을 벗겨 내니 초록의 보드랍고 달콤한 속살이 드러났다. 초록은 사람의 마음에 편안함을 준다. 나를 만나는 사람마다 마음의 빗장을 풀고 나에게서 편안함을 누렸으면 좋겠다. 산에서 솟아나는 물은 생명수다. 그 물이 많은 생명을 살린다. 이 물을 마신 꽃은 더욱 아름다운 향기를 내고 나무들은 더욱 푸르러져 멋지고 아름다운 산을 만든다. 키위의 상큼함과 시원함으로 맑은 계곡물을 표현해 보았다. 산을 놀이터 삼아 뛰어노는 토끼는 하루 종일 지치지 않고 즐겁게 뛰어논다. 산은 이런 생명으로 인해 생동감이 넘친다.

산을 좋아하여 산을 닮고 싶은 나는 오늘도 그 꿈을 향해 한 걸음 한 걸음 발걸음을 뗀다.

오늘 나에게 푸드표현예술은 '**흘려보내기**'이다.

빚

이영옥

요양병원에서 봉사활동을 해 왔다. 올해는 코로나19 팬데믹으로 자주 방문하지는 못해서 아쉬움이 크다. 처음 갔을 때는 애잔한 마음에 아무도 모르게 눈시울이 붉어지면서 울컥울컥했다. 어르신들을 만나니 돌아가신 부모님 생각이 나서다. 방문할 때마다 반겨 주시던 어르신들의 모습이 가끔 눈에 밟혔다.

그러던 차에 오랜만에 어르신들을 찾아뵙게 되었다. 오늘은 부모님을 여읜 슬픔보다 그리움으로 밝고 따뜻한 마음을 가져야겠다고 생각했다. 그 시간에 집중하면서 즐겁게 진행했다. ‘누군가에게 단 한 순간이라도 밝은 빛이 되어 줄 수 있다면 좋겠다.’ 하는 생각에 최선을 다해 즐거운 마음으로 진행하며 한 분 한 분 손을 잡아 드렸다. “다음에도 꼭 와요.” 하시며 활짝 웃으시는 모습에 “네, 또 올게요.”라고 말하며 문을 나섰다. 계단을 내딛는데 갑자기 부모님에 대한 죄책감이 밀려왔다. 바쁘다는 핑계로 살아생전 손길을 자주 미치지 못하고 보내 드리고서 이제 와서 다른 어르신들에게 봉사한다는 자체가 모순이고 내 얼굴에 가면이 씌워진 것 같아 나도 모르게 손이 얼굴을 더듬었다. 때로 우리는 일상에 가면을 쓰고 살아가는 것은 아닐까? 사회는 다양한 역할과 그 역할에 따른 조화를 요구하고 있다.

심리학에서 페르조나(Persona)는 가면을 뜻하는 희랍어이다. 개인의 사회적 요구들에 대한 반응으로서 가지는 공적인 얼굴을 의미한다. 스위스의 심리학자이자 정신과 의사인 칼 구스타프 융은 집단무의식의 구조적 요소를 간주하는 원형(Archetype)의 한 가지로 페르조나를 꼽고 있다. 이는 진정한 자기와는 분리된 채로 남들에게 좋은 인상을 주거나 자신을 은폐시키기 위해 타인들이 정의한 자신의 인습적 역할을 그대로 받아들이는 현상을 기술하는 용어로 사용된다. 대부분의 사람들은 사회적으로 보이기 위해 가면을 쓰고 산다. 내면의 나와 보이는 나는 다른 것이다.

하지만 그 뒤에 있는 나의 진실한 마음이 선한 에너지가 되어 빛을 발하는 표현이 었기를 바라며 별을 만들어 보았다.

〈모든 것은 빛난다〉

별의 중심을 콩으로 하나하나 모양을 만들고 각 테두리에는 4개의 촛불을 켜니 한껏 멋진 별이 되었다. 촛불은 자신의 몸을 녹여 주위를 밝힌다. 자신을 밝히지만 다른 초에 불을 붙여 주어도 붙여 준 촛불은 꺼지지 않는다. 나눌수록 주위가 밝아지는 촛불을 보면서 마음이 차분해지며 나와 화해하고 균형을 맞추는 힐링의 시간이 되었다. 빛이 강렬해서 어둠을 몰아내고 다 녹였으면 한다. 별은 나의 내면에 있는 무의식의 본성 빛이었을까. 더 밝게 비추어서 이제는 남에게도 빛을 줄 수 있는 나의 노년기를 소망해 본다. 상처와 아픔 없는 삶이 어디 있겠는가? 무심히 만들다 보니 만다라가 되었다. 내 안에 밝게 빛나는 별이 잠재되어 있었던 게 아닐까?

푸드표현상담사과정을 하면서 만다라에 대해서도 조금 더 몰입할 수 있게 되었다. 융은 만다라를 통합적인 정신의 중심인 자기와 연관시켰다. 인간정신의 통합을 향한 성장은 자연적인 성장 과정으로 개인이 남들과 구별되는 고유의 자기를 찾는 것과 동시에 타인과 하나가 되는 새로운 경험을 하게 된다는 것이다. 내면의 화해와 전체성을 지향하고 안전한 피난처를 상징하며 또한 융은 자기뿐만 아니라 의식과 무의식의 중심에 있는 자기 중요성에 대해서 강조하고 있다. 자기는 자아를 포괄하는 개념으로 자기는 정신이 중심이고 의식과 무의식을 아우르고 있는 전체성인 것이다. 내면의 화해와 전체성이라는 단어는 나를 치유해 주는, 스스로 치유할 수 있는 내면의 힘과 에너지를 주는 것 같다.

나는 오늘도 봉사가 주는 의미를 생각하며 일상에 만족하려 애를 쓴다. 성찰을 통해 내면을 본다는 것은 나와의 대화였다. 내가 나를 위로하는 무한한 노력, 그런 마음이 필요할 것 같다. 나의 내면에서 빛나야 할 직관의 에너지를 한껏 발휘하면 모든 것은 빛난다. 작품을 보면서 오늘도 희망을 더 많이 걸러 내는 체가 되기를 기원해 본다. 푸드표현을 통해 진정한 나의 빛을 찾고 싶다.

오늘 나에게 푸드표현예술은 '**무의식의 본성 빛**'이다.

멈추면 비로소 보이는 것

박설희

푸드 표현 2급 과정을 할 때는 해님이 쨍하는 더운 여름 날씨였다. 그러나 지금은 귀뚜라미 소리에 가을의 정취를 느낄 수 있는 천고마비의 계절 초가을의 날씨이다. 계절이 신기하게도 바뀌는 걸 보니 무심히 지나쳤던 절기를 다시 한 번 돌아보게 된다. 우리는 가을을 하늘은 높고 말이 살찌는 천고마비의 계절이라고 한다. 여기엔 오곡백과가 무르익는 좋은 절기라는 뜻이 담겨 있다. 조상님들이 정한 절기라는 게 이렇게 신기하게 생각되는 건 처음인 것 같다.

이렇게 푸드 작품을 표현했을 때는 여름이었는데 절기라는 게 참 이상하다. 무진장 더운 여름 어느 날 장마가 며칠 계속되어 쨍한 해님을 오랜만에 볼 수 있었던 그날인 듯하다. 하늘에 떠 있는 태양과 좀 더 가까이 대화를 하고 난 후 주변 자연에서 볼 수 있고 나를 향해 말을 건네는 자연물을 찾으며 푸드 재료를 찾기 시작하였다. 눈에

띄는 꽃인 보라색 꽃이 나에게 말을 건네주었다. “안녕~ 반가워.” 하지만 땅속에 자리를 잡고 흔들거리며 춤을 추고 있는데 꺾지 말아야 하는 생명체임에도 불구하고 나는 어느새 두 손으로 줄기를 잡고 꺾어 버리고 말았다. 보라색 꽃이 나에게 주는 의미는 뭘까? 한참을 이 보라색 맥문동과 친구처럼 대화를 나누며 걸어가던 중 이제 두 번째 말을 건네던 자갈과 돌멩이들이 보였다. 어느 가정집 화분에서 버려져 나온 자갈 같은 예쁜 돌들이 한 곳에 모여 놀이터에 나온 아이들 모습처럼 옹기종기 둘러앉아서 이야기하는 모습 같았다. 그 모습에 끌려 그 아이들 곁으로 슬며시 다가갔다. 그런 후 그중에서 특이한 몇몇의 돌멩이 친구들과 자갈처럼 생긴 모래 모양의 흙을 보라색 맥문동 꽃과 함께 주머니에 담아 데리고 왔다. 그러면서 데리고 오는 친구들과 어울려 나와 함께 친구가 될 만한 아이들이 있는지 보며 오는 길에 나뭇잎들을 하나둘씩 더 챙겨서 돌아왔다.

맨 처음 나에게 말을 건넨 맥문동 이 보라색 꽃말은 ‘겸손’이라고 한다. 그러면서 나는 지난 일들을 떠올리며 생각해 본다. ‘혹시 나로 인해 상처받은 사람들이 있었나?’ 하며 반성해 보는 시간을 가지며 푸드 표현에 열중하기 시작하였다. 겸손에 대한 명언 중 하나로 “아무도 신뢰하지 않는 자는 누구의 신뢰도 받지 못한다”라는 제롬 브래트너의 말이 있다. 내가 불신을 품고 악한 마음으로 다가간다면 상대방도 그런 마음과 똑같은 마음을 품고 나를 대할 것이다. 때문에 조금 더 마음 편하게 좋은 사람들과 어울리면서 살아가는 방법 중 하나는 내가 착하고 진실된 마음으로 다가가야 할 필요가 있다는 말이다. 그러면서 지난 일들을 반성하며 용서하고 이해를 하며 겸손을 맞이할 채비를 하고 겸손을 받아들이기 시작하였다. 어릴 적 진실하지 못한 관계들에 대해 반성하고 이제 나와 연결된 모든 분들에게 진심 어린 마음으로 다가가려고 노력할 것이라고 말이다. 푸드 표현을 통해 특히 자연을 통해 감동 어린 선물을 받은 지금 이 기분은 잊히지 않을 것이다.

"우리는 마음이라는 창구를 통해서만 세상을 알 수 있습니다. 마음이 시끄러우면 세상도 시끄러운 것이고 마음이 평화로우면 세상도 평화롭습니다. 그래서 세상을 바꾸는 것 이상으로 중요한 것이 내 마음을 이해하는 것입니다."

혜민스님의 글처럼 이제 비로소 멈추면 보이는 것으로 인해 나는 행복해지고 싶다. 왜냐하면 내 안은 반짝이는 별처럼 지금 빛나고 있기 때문이다.

오늘 나에게 푸드표현예술은 '**멈춤**'이다.

두 갈래 길

김경화

〈두 마음〉

몇 년 전에 인간극장에서 '국내 최고령 여의사'인 한원주 내과 과장님의 일상을 방영하는 모습을 보게 되었다. 최고령의 연세에 건강하고 즐겁게 환자들을 돌보는 모습을 보며 놀랐다.

그 분은 최고령 나이인 94세의 연세에 요양병원에서 돌아가시기(2020.9.30.) 직전까지 매일 10명 이상의 환자를 진료하시며 생을 마감하셨다.

그 분은 독립운동가이자 의사인 아버지와 독립운동가 어머니 사이에서 6녀 중 셋째로 태어나 유복한 삶을 살았다. 엘리트 남편과 만나 미국으로 유학을 가 내과 전문의를 딴 뒤 귀국해 개인병원을 운영했다. 53세에 갑작스러운 남편의 죽음으로 인해 인생을 돌아보는 시간을 가졌다고 한다. 너무나 큰 절망과 허망함 속에 가야 할 길을 찾기 위해 하나님에게 매달렸다고 했다.

그 분의 음성은 “너 잘 먹고, 잘 살고, 세상에서 복을 그동안 많이 받았지 않았느냐? 주변의 사람들을 돌아본 적 있느냐?라는 물음에 돌아본 적이 없는 자기의 삶을 돌아보며 인생관이 바뀌었다고 한다. 그때부터 일주일에 한 번씩 무료진료 봉사를 했다.

개인병원은 활발하게 운영되던 때에 수입은 한 달에 천만 원이었고, 서울의대를 다니고 있던 막내아들의 학비가 십만 원이었다고 한다. 그러나 그 분은 결단을 내려 병원을 정리하고 의료선교위원을 운영하며 40년간 무료진료 봉사를 펼치고 아름다운 생을 마감했다. 그 분의 삶을 보면서 다시 한 번 내 삶을 돌아보았다.

나의 삶의 목적은 이 땅에 머무는 것이 아니라 영원한 하늘나라에 목적을 두고 나에게 주어진 사명을 감당하는 것이다. 그러나 삶을 살아가다가 내 마음 가운데 두 마음이 자리를 잡고 싸우기도 한다. 이 부분들을 음식으로 표현하고자 한다.

냉장고 문을 열어 보니, 가지가 눈에 들어왔다. 가지는 날씨가 더워지고 햇볕이 좋은 7, 8월이 되면 잘 자라고 열매를 많이 맺는다. 나의 어린 시절에는 특별한 간식거리가 없었던 터라 텃밭에서 자라고 있는 가지를 생으로 많이 먹었다. 그때 먹었던 가지는 최고의 맛이었다. 가지의 맛은 부드럽고 말랑해 질리지 않아 몇 개라도 먹을 수 있었다. 희망의 색인 주황의 냄새가 향긋한 귤과 빨강의 에너지 홍고추와 생명의 색깔 초록 오이를 선택해서 손이 가는 대로 표현해 보았다. 가지의 반을 잘라서 내 마음의 상태를 들여다보았다. 내 마음속에는 항상 두 마음이 자라잡고 있었다. 선을 이루고자 하는 마음과 욕심을 따라 살고자 하는 마음이 공존하고 있음을 알아차렸다.

나에게 주어진 사명의 길을 걷다가도 내 눈에 보기에 보임직도 하고, 먹음직도 하고, 탐스럽기도 한 길을 걷기도 했다.

두 마음이 끊임없이 갈등하지만 난 다시 마음을 다잡는다.

한원주 내과 과장님이 선택한 가치로운 삶을 보면서 나도 이 땅의 것이 아닌 저 하늘의 영원한 삶의 푯대를 향해 달려가길 소망해 본다.

가지가 햇볕과 더운 날씨에 잘 자라 열매를 맺듯 나의 삶도 아름다운 열매를 맺길 원하며 감사한 가운데 하루를 마무리해 본다.

오늘 나에게 푸드표현예술은 '**감사함**'이다.

나비처럼 가볍게

김옥남

연둣빛 보리 순이 하늘하늘 춤추던 들판이 어느덧 황금물결로 출렁인다. 사방으로 높고 낮은 산들이 병풍처럼 둘러싸인 이곳은 계절의 흐름을 직접 보고 느낄 수 있다. 아침이면 동쪽에서 떠오른 해가 창가에 비치면 늦잠을 자고픈 나의 맘을 뒤흔들어 놓는다. 들에 있는 곡식들도 기지개를 켜며 일어난다. 키 큰 나무 위에서 새들이 윽박지르듯 울어 댄다. 누가 새 울음을 노랫소리 같다고 했는가? 산에서 들리는 새소리는 그렇지 않다. 그들만의 치열한 삶의 소리다. 닭들도 그렇다. 닭장 안에서는 매일 치열한 싸움이 벌어진다. 닭모이를 주러 닭장에 들어가면 닭장 안은 아수라장이 된다. 힘센 수탉이 날개를 퍼득이며 높고 거친 소리로 울어 대면 힘없는 닭들은 순식간에 흩어져 뒤로 물러간다. 힘센 수탉이 모이를 먹기 시작하면 닭들이 조심스럽게 다가와 모이를 먹는다. 이것이 그들의 세계다. 사람이 살아가는 세상도 마찬가지다. 많이 가진 자, 힘센 자, 똑똑한 자들이 우위를 차지한다. 적게 가진 자, 힘없는 자는 뒤로 물러가 눈치를 본다. 이런 세상 속에서 우리는 고달프게 살아간다. 그래서 우리의 근육은 항상 뭉쳐 있고 딱딱하다. 삶은 광야와 같다. 광야를 걷다 보면 들짐승을 만날 수도 있고, 낮의 뜨거운 태양과 밤의 추위를 견뎌야 하며, 물이 없이 목마름을 느끼기도 한다. 목적지가 어딘지 보이지 않아 이리저리 방황하며 헤매이기도 한다. 인생의 광야를 걷다 보면 여기저기 상처들이 생긴다. 그 상처들이 나를 괴롭히고 아프게 한다. 어떤 상처는 아물기도 하지만 어떤 상처는 너무 깊어 아물지 못해 오랫동안 고통을 준다. 깊은 상처는 나뿐만 아니라 주위 사람들과 가장 가까운 사람에게 쉽게 노출된다. 특히 가족에게 무장해제가 되어 그들을 괴롭힌다. 우리는 이 상처들을 치유하며 살아야 한다.

상처를 치유하려면 어떻게 해야 될까? 세상에는 좋은 약들과 많은 치료법이 있다. 그중 내가 사용했던 방법을 소개하고자 한다. 이 방법은 아주 간단하고 쉽지만 한편으론 어렵다. 너무 쉬워서 사람들은 실천하지 않는다. 그것은 나비처럼 가벼워지는 것이다.

나비의 어원은 라틴어로 '프시케(psyche)'다. 프시케는 우리말로 '치유'를 뜻한다. 나비처럼 가벼워질 때 자유롭게 내가 가고 싶은 곳으로 갈 수가 있고 내가 앉고 싶은 곳에 앉을 수가 있다. 노랫말 중 이런 내용이 있다. '내 손에 잡은 것이 많아서 손이 아픕니다. 등에 짊어진 삶의 무게가 온몸을 아프게 하고, 매일 해결해야 하는 일 때문에 내 시간도 없이 살다가 평생 바쁘게 걸어왔으니 다리도 아픕니다.' 어쩌면 그 손이 나의 손이요 나의 등이요 나의 다리이기도 하다.

〈나비처럼 가벼워지면 치유가 일어난다〉

이제 내가 가진 무거운 짐들을 내려놓자. 내가 질 수 있는 양만 지고 가자. 그래야 근육은 뭉치지 않고 손과 발도 아프지 않아 멀리까지 갈 수가 있다.

닭장 속의 수탉처럼 내 자리를 뺏기지 않으려 날카롭게 신경을 곤두세웠고, 남에게 뒤쳐지지 않으려 헐떡이며 앞만 보고 달려가지 말자. 나의 보폭만큼 걸어가면서 삶의 여백을 가지자. 그러면 나의 몸과 마음이 가벼워져 쉼을 얻고 치유가 일어나리라.

꿈꾸는 자는 붉게 익어 가는 고추를 따다 하늘을 자유롭게 나는 나비를 표현해 보았다. 초록 고추가 가을이 되니 빨간색으로 물들었다. 빨강은 열정을 나타낸다. 이제는 남보다 앞서기 위한 열정이 아니라, 무엇이 의미 있고 가치 있는 삶인지를 알아 거기서 얻은 답으로 열정을 다해 살리라. 고추는 그냥 먹으면 매워서 혀끝이 쓰라리지만 요리에 넣으면 감칠맛이 더해 요리의 맛을 살린 다. 살아오면서 생긴 상처가 치유되어 다른 사람을 살리는 양약이 되기를 바라본다. 나비의 작은 날갯짓이 변하여 태풍을 몰고 오듯 나의 작은 결심이 나를 큰 행복으로 인도해 줄 것이다.

오늘 나에게 푸드표현예술은 '**치유**'이다.

기대하는 나의 창업

조경애

지난해 푸드표현상담사 2급 과정에 참여했다. 팀원들이 1급 과정을 할 때 개인사정으로 참여할 수 없었다. 이후 내 상황은 보다 나아졌지만 다시 참여하기에는 매우 벅차게 느껴졌다.

이번에 타 기관에서 진행하는 상담사 교육과정에 참여하게 되었다. 1급 과정을 하면서 여러 가지 활동을 하며 작품을 만들었다. 내 안에 있는 내면도 느껴 보고 나의 작품에 어떤 매체를 주로 사용하는지를 알 수 있었으며, 푸드표현예술 과정을 통해 조금 더 나다움이라는 게 뭔지 알게 되었다.

푸드표현상담사과정은 나에게 선물로 다가온 새로운 경험이었다. 그럼에도 불구하고 난 팀원들보다 시간과 열정이 부족했고, 모자라는 부분이 많음을 느꼈다. 하지만 팀원들은 내면의 심상을 표현하고 발표할 때마다 응원하며 격려해 주었다. 또한 작은 결과물에도 자신감을 가질 수 있도록 칭찬을 아끼지 않았다. 살면서 어떤 인연을 만나는지는 참 중요하다고 생각되었다. 구성원들과의 만남과 푸드표현상담사과정은 나에게 긍정의 에너지가 생기는 계기를 마련해 주었다.

나는 작품 활동을 한 후 기록으로 남기는 것이 중요하다고 생각했다. 이러한 작품

활동이 어쩌면 아무에게도 인정받지 못하는 상황일지라도 나의 자존감을 높이고, 성취감을 높일 수 있기 때문이었다.

가끔 지인들이 "푸드표현상담사과정을 왜 하느냐?"라고 물음을 던질 때가 있다. 그들에게는 별것이 아닐 수 있다. 하지만 나에게는 소중한 시간이었다. 내가 살아오는 과정에서 나에게 질문하며, 내가 무언가를 표현할 수 있는 시간은 거의 없었던 것 같다. 이러한 시간을 통해 '나 자신이 무엇을 좋아하는지?', '무엇을 하고 싶은지?', '내 꿈은 어떤 것인지?' 구체적으로 알 수 있었다.

〈시작〉

뻥튀기에 초코시럽으로 점 하나를 그렸다. 작은 점은 시작을 의미한다. 무언가를 시작한다는 것은 쉬운 일이 아니다. 특히 정량적인 결과를 볼 수 없는 것은 더욱 그렇다. 결과를 정량화하기는 어렵지만 푸드 표현 활동의 효과는 컸다. 나를 성찰하며, 나와 너, 우리의 관계와 더 나아가 행복한 삶이 어떤 것인지를 알게 되었다.

나는 무엇이든 할 수 있다고 믿는다. 믿는 것은 비용이 들어가지 않는다. 난 간절히 믿고, 그 마음을 가지고 행동하게 된다면 모든 일이든 할 수 있을 거라고 믿는다.

푸드표현예술은 나에게 어떤 의미로는 창업이 된다. 지금까지의 창업은 생계유지를 위한 창업이었다면, 앞으로는 새로운 나를 찾고, 나눔 활동을 위한 마음의 창업을 할 것이다.

나를 찾기 위해 내 마음에 방을 열어 그곳에 무엇이 들어있는지 확인하고, 이를 펼쳐 나가는 것이 내가 원하는 또 하나의 창업이라고 생각한다. 나다움을 위해 꿈을 펼쳐 나가리라. 관련 내용을 공부하고, 푸드표현상담사로서 나눔의 여유를 갖자. 건강해야 나눔도 실천할 수 있기에 오늘도 건강을 체크해 본다.

오늘 나에게 푸드표현예술은 '**창업**'이다.

소소한 행복 너머의 플로리시한 삶

임미정

2년 전 이맘때쯤인 것 같다. 국화 향기가 그윽한 계절에 웰다잉 심리상담사 과정에 참여했다. 이후 웰다잉에 대한 관심은 증폭되었다. 교육을 마친 다음 날 창원시 보건소 4층에 있는 건강관리과를 찾아 사전연명의료의향서를 작성했다. 이것뿐만이 아니었다. 나의 삶을 재조명하는 시간을 가졌다. 누구나 평등할 수밖에 없는 죽음 앞에 섰을 때 '후회하지 않기 위해서 정말 잘 살아야겠구나.' 하며 다짐도 했다. 죽음의 문제는 결국 삶의 문제로 귀결되는 거니까. 웰다잉(well-dying)은 잘 살고 잘 마무리하는 인생의 전 과정을 말하며, 준비된 죽음과 아름다운 죽음을 의미한다. 이를 위해서는 웰빙(well-being)이 필요하다. 웰빙의 삶을 살아가는 것은 육체적으로나 정신적으로 건강하고 조화를 이루는 삶, 행복하고 심신이 안녕한 상태를 말한다.

푸드 심리상담사 자격과정에 참여하면서 특히 건강과 관계 형성, 행복은 빼놓을 수 없는 중요한 요소임을 알게 되었다. 이 과정은 마치 웰다잉 강사과정에서 느낀 것과 흡사하다는 생각이 들었다. 마치 웰다잉을 위한 실천사항이라고 할까.

앞에서 언급한 것처럼 푸드표현예술치료는 긍정심리학, 인간중심 표현예술치료, 푸드표현예술이 토대가 된다. 최근 긍정심리학의 창시자인 마틴 셀리그만의 『플로리시

(Flourish)』와 『긍정심리학』을 읽었다. 플로리시는 개인과 기업, 국가에 긍정적 인간의 미래를 찬란하게 열어 주는 놀라운 내용을 담고 있다. 푸드표현예술을 만나기 전에는 알지 못했던 플로리시한 삶은 소소한 행복 너머의 행복이 만개한 삶이다. 긍정심리학의 핵심은 긍정 정서다. 강점과 미덕은 좋은 느낌과 희열감을 자아내는 긍정적 특성으로, 이에 대해서는 푸드 수업 중 여러 번 들었다. 나의 강점 찾기를 통해 경험했던 터라 관심을 더해 읽었다. 책을 읽어 내려가던 중 '행복에도 지름길이 있다.', '행복으로 가는 열쇠 - 강점과 미덕을 발휘하는 삶'의 부분을 읽을 때 내 시선이 잠시 고정되었다. 그렇다면 '행복의 지름길은 뭘까? 나의 강점은? 강점이 행복의 길로 가는 열쇠가 될 수 있을까?' 어린아이처럼 호기심이 발동했다.

개인이 가지고 있는 아주 특별한 강점을 대표 강점이라고 부른다. 강점 찾기 24개 항목 중 양파의 대표 강점은 학구열, 감사, 영성으로 나왔다. 이 중 자신의 대표 강점 하나, 즉 학구열을 활용해 '행복한 삶을 위해 어떤 일을 하고 싶은가?'를 표현하는 시간이다.

〈향기 나는 사람 책〉

〈웰빙은 팔마(PERMA)다〉

양파는 '사람 책'이 되고 싶었다. 나아가 나이가 들어 늙어 가는 것이 아니라 좀 더 익을 즈음 '향기 나는 사람 책'이 되어 또 다른 나눔을 실천하리라.

지금까지는 자신의 꿈만을 향해 달려왔으니 '이제 나와 너, 우리를 위해 좀 더 의미 있는 삶을 살아 보자. 삶에 대한 감사와 긍정 정서로 웰빙의 삶, 균형과 조화를 갖춘 삶을 살아야겠구나.'라는 생각이 스쳤다. 행복을 꽃 피울 플로리시, 웰빙 이론의 다섯 가지 요소인 긍정 정서, 몰입, 관계, 의미, 성취(PERMA)가 선물처럼 다가왔다. '나는 언제든지 나와 가족, 공동체를 사랑할 수 있는 준비된 사람이야.'라며 심상을 짧은 문장으로 표현했다.

행복한 삶을 위해 긍정심리학을 적용해 행복 만들기를 해 보면 어떨까.

자녀를 양육할 때, 성공의 길을 가고자 할 때, 소소한 행복 너머의 플로리시한 삶을 추구할 때 필요한 것이 있다. 이때 '약점을 보완하는 데 시간을 투자할 것이 아니라 나의 강점을 연마하고 활용할 때 행복의 지름길'이 되어 준다. '긍정 정서 키우기' 공식도 적용해 보자. 나와 가족, 타인과의 관계, 과거, 현재, 미래에 대해 긍정 정서를 키우는 것이다. 불만보다는 감사하는 마음가짐과 긍정언어 사용이 중요하다. 감사편지 쓰기, 감사편지 방문해 읽어 주기, 매일 밤 잠들기 전에 축복일기 쓰기, 자녀와 아이들에게 긍정 교육시키기 등 보다 효과적인 긍정심리 연습도 필요하다.

의미 있는 삶은 자신의 존재보다 더 큰 무엇과 하나가 되는 삶이다. 이를 위해 점 하나를 찍어 보자. 행복이 만개한 플로리시한 삶을 위해.

오늘 나에게 푸드표현예술은 '**플로리시**'다.

아름다운 죽음

신시옥

〈아름다운 죽음〉

한해가 마무리되어 가는 계절 가을이 어김없이 찾아오니 푸르던 나뭇잎들이 단풍잎이 되었다. 나뭇잎은 떨어지기 전 자신을 형형색색 가장 아름다운 색깔로 물들이며 마지막을 불태운다. 그리고 내년을 위해 썩어서 밑거름이 된다. 나도 단풍잎처럼 인생을 잘 살다가 곱고 품위 있게 마무리하고 싶다.

메멘토 모리(Memento more)는 '자신의 죽음을 기억하라'는 라틴어로 인간은 항상 죽음을 염두에 두면서 살아야 한다는 뜻이다. 나는 사랑하는 가족들의 죽음을 직접 겪으면서 죽음이 나에게도 오리라는 것을 깊이 인식하며 살아가게 되었다. 그래서 살아 있는 지금 여기에서의 순간이 더없이 소중하게 느껴져 웰빙(Well-being)의 삶과 더 나아가 플로리시(행복의 만개)한 삶을 추구한다. 그러나 현실은 그리 녹록하지 않다. 올해는 코로나19 팬데믹으로 인해 감염의 두려움 속에서 마스크를 상시로 쓰고 생활하는 불편함을 감수하고 '거리 두기'로 관계의 소원함도 겪었다. '이 또한 지나가리라'는 말과 '그래도 감사! 그런데도 감사! 그럴수록 감사!'를 되뇌며 불평을 떨쳐버리며 살았다. 시편 90편 10절에서 '우리의 연수가 칠십이요 강건하면 팔십이라도, 그 연수의 자랑은 수고와 슬픔뿐이요, 빠르게 지나가니, 마치 날아가는 것 같습니다'라고 했다.

지난날을 뒤돌아보니 날아가듯 세월이 참 빠르게 지나갔다. 천진난만했던 유년기를 제외하고 학창 시절에는 공부와 시험으로 수고했다. 청년기에는 치열한 직장생활을 한다고 수고했다. 결혼하고는 아들, 딸 낳아 잘 키우려고 수고했다. 지금은 미래의 꿈나무인 영아들을 잘 길러 내기 위해 애를 쓰고 있다. 이처럼 수고하는 삶이 내게 얼마나 더 남아 있을까? 웰다잉(Well-dying)은 준비된 죽음, 아름다운 죽음을 의미하는 것으로 죽음을 거부하지 않고 자연스러운 현상으로 받아들이는 것이다.

나는 지난해 웰다잉 교육을 받으며 죽음의 관점이 변화되기 시작했다. 남은 삶이 그리 길지 않다는 것이 자각되니 삶이 소중하게 느껴졌다. 힘들고 고단한 삶일지라도 인간관계 속에서 '더 많이 사랑하고, 용서하고, 감사하며 살다가 아름답게 인생을 마무리하리라'라는 다짐을 하게 되었다.

푸드표현상담사과정 중에 블랙 사파이어를 이용해 '죽음의 열매'를 표현해 보았다. 둥근 접시는 내 인생의 무대인 세상을, 테두리에는 삶의 길목마다 고난을 극복하고 아름답게 핀 꽃을 의미한다. 10개의 블랙 사파이어 열매는 삶을 마감하며 열린 값진 열매들이다.

인간은 누구나 결국 예외 없이 죽음을 맞이한다는 사실을 알면서도 삶 속에서 죽음을 생각하거나 입에 담기조차 싫어하고 회피한다. 그것은 아마도 가보지 않은 길에 대한 두려움과 공포, 불안감 때문일 것이다. 『성경』에는 "만물이 주에게서 나오고 주로 말미암고 주에게로 돌아간다."라고 로마서에 기록되어 있다. 나는 죽으면 육신은 흙으로 돌아가고 영혼은 나를 지으신 하나님이 존재하는 천국으로 간다는 사실을 믿는다. 그래서 죽음을 늘 기억하고 준비하는 자세로 살아가려고 한다. 웰빙의 삶을 살다가 존엄하고 아름답게 삶을 마감하고 싶은 웰다잉의 소망을 담아 오늘도 두 손 모아 기도드린다.

오늘 나에게 푸드표현예술은 '**웰다잉**'이다.

<에필로그>

푸드 매체에 관한 관점에 큰 변화가 생겼다. 푸드는 생리적인 욕구 해결을 위한 것만은 결코 아니었다. 매체를 활용한 푸드 표현은 나를 알아 가게 하며, 긍정의 힘과 관계를 이어 주는 네트워크의 힘을 느끼게 했다.

타인의 감정에 공감이 일게 했다. 내면 아이의 아픔에 위로를 하며, 지친 모습에 용기를 갖게 했다. 자신의 삶을 리셋 선언한 아름다움에 한없는 축하를 보내며, 행복한 시간을 함께 경험했다. 정말 놓치고 싶지 않은 마음의 언어와 소중한 순간들을 꽉 붙잡아 두고 싶었다. 이를 글로 꽁꽁 묶어 출간할 수 있음은 푸드표현예술이 안겨 준 선물이리라.

학습공동체에 푸드를 더해 '푸드 학습공동체'가 탄생했다. 따로 또 같이. 집단지성의 힘이 발휘될 것이라 믿으며, 삶의 향기가 널리 퍼지기를 희망한다.

오늘 나에게 푸드표현예술은 '집단지성'이다.

-임미정-

일상 가운데 쉽게 접할 수 있는 식자재를 이용한 푸드 표현은 잠자던 나의 무의식을 깨우는 시간이었다. 푸드 매체와 상호작용하면서 좀 더 진솔하고 온전한 나의 모습을 보게 되었다. 또한 감정을 알아차리고, 이해하고, 수용하고, 보듬어 주는 긍정적인 나를 발견하였으며, 성찰하는 시간이었다. 나의 사고패턴과 어릴 때 속상했던 미해결된 부분들의 실마리가 조금씩 풀어졌다고 할까?

편안한 마음으로 행복한 마음 여행을 할 수 있었던 것은 좋은 님들과 함께할 수 있어서 더욱 그랬던 것 같다. 나를 알고 성찰하기를 원한다면 푸드표현예술치료를 권하고 싶다. 절대 실망하지 않을 것이다.

오늘 나에게 푸드표현예술은 '나를 알아 가는 과정'이다.

-김경화-

내 옆에는 나를 행복하게 해 주는 좋은 사람들이 많다. 오랜 세월 동안 쌓아 온 인연들이다. 새로운 인연을 만나게 된 행운이 다가왔다. 푸드표현상담사과정을 공부면서 사람과의 관계가 더욱 풍성해졌다. 평소에 먹는 것으로 만족함을 누렸던 푸드가 이렇게 사람과 사람을 연결해 주는 도구가 된다는 게 신기하다.

푸드표현예술은 있는 그대로의 나를 인정하게 했다. 사랑하는 방법을 알게 하고, 갇혔던 나를 자유롭게 만들어 주었다. 나의 편견과 선입견으로 굳었던 시선과 마음을 교정시켜 주었다. 오감을 통해 들어온 푸드는 내면의 심상을 보게 해 주었다. 그리고 꿈꾸는 나의 미래를 더 구체적으로 계획하고, 설계할 수 있도록 도와주었다.

끝으로, 감사한 것은 푸드로 표현한 것들을 글로 쓰고, 이 글이 엮어져 세상에 나오게 된 것이며 이는 영광이며 감동이다.

오늘 나에게 푸드표현예술은 '변화'다.

-김옥남-

푸드와 함께했던 소중한 경험을 모아서 셀프저널로, 다시 책으로 출간하게 되어 감회가 새롭다. 푸드라는 매체가 나의 일상을 변화시켰다. 매일 만나는 다양한 음식 재료로 나의 마음을 표현하면서 다양한 대화를 나눴다. 이러한 작품 활동을 통해 과거의 아픈 상처가 치유되고 삶에 대한 감사와 행복 그리고 긍정 정서를 만나게 되었다.

나뿐만 아니라 누구나 푸드표현예술을 하면 미처 몰랐던 자신의 마음을 재발견할 수 있을 것이다.

모든 사람들의 일상이 행복하고 플로리시한 삶을 꽃피우길 바란다.

오늘 나에게 푸드표현예술은 '긍정에너지'이다.

-김지윤-

지난 한 해를 돌아보며 나에게 의미 있는 많은 것 중에서 하나를 찾아보라면 푸드와의 만남이다. 지금까지 가족과 신앙공동체 속에서 삶의 감사를 찾고 살아왔는데 또 하나의 감사의 조건이 생긴 것이다. 푸드표현상담사과정을 하면서 다양함을 수용하고 인정하는 한 뼘 더 넓어진 나를 발견하는 것, 그 계기로 글까지 쓰게 되다니….

내심 이렇게 쓰인 글들이 책이 되어 나올 수 있을까? 하자고 하니 시작은 하는데 마음 한구석은 시큰둥이었다.

양파 코치님의 지도하에 글쓰기가 시작되고 우리의 글들이 차곡차곡 모이니 '어라~~ 정말 시작이 반이구나! 뭔가 되어 가고 있다'라는 두근거림이 생겼다.

푸드의 작은 시작이 오늘 내가 움직이는 원동력이 되고 있다.

오늘 나에게 푸드표현예술은 '움직임'이다.

-심재영-

지난해 여름과 가을 사이 내 삶은 찬란했다. 나에게 푸드라는 매체를 알아 가는 과정이 있었기에 의미가 컸던 것 같다.

푸드 매체를 통해 나 자신의 소중함을 알게 되고, 다른 사람들의 마음을 더 이해하게 되었다. 더 나아가 나, 너, 우리가 하나되는 대단한 힘을 느꼈다. 설렘을 안고 푸드표현예술을 알아가는 과정들은 기쁨과 행복함으로 가득했다.

독자 여러분도 함께하지 않으실래요? 행복한 날들이 여러분 앞에 펼쳐질 것이라 기대됩니다. 그럼 모두 푸드 여행 속으로 떠나요. 고고고~~~

오늘 나에게 푸드표현예술은 나에 대한 '사랑'이다.

- 박설희-

뜻밖에 글쓰기 기회가 찾아왔다. 푸드표현상담사과정을 하면서 나눈 심상을 글로 엮어 보자고 의견을 모았다. 나는 평소에 글쓰기를 어려워해서 엄두도 내지 못했다. 하지만 함께 쓰는 글이라서 용기를 냈다. 내 글 중에는 진솔하게 나눈 심상을 쓰다 보니 보이고 싶지 않은 속살까지도 드러낸 것도 있다. 초보 작가로 첫발을 내디뎠다. 지금부터 시작이다. 양파 코치님이 강조하신 다독, 다상량, 다작을 꾸준히 실천해 보려고 한다. 매일 '감사일기'를 쓰고 있다. 그리고 매주 자유 글감으로 글쓰기 연습을 계속 이어 가게 되어 감사하다.

오늘 나에게 푸드표현예술은 '새로운 시작'이다.

-신시옥-

푸드 표현을 통해 지나서 온 길을 되짚어 보며 나를 들여다보았다. 아직도 사그라지지 못한 아픔, 가슴 들뜨게 했던 순간들, 잃어버렸던 시간 속에서 여러 모습의 참 나를 발견하게 되었다. 일상이 새롭게 느껴지는 것은 푸드를 통한 마음의 눈이 떴음이리라.

나를 존중하고 서로 배려하며, 따뜻함과 긍정의 기운이 넘쳐 나는 시간이었다. 나, 너, 우리라는 학습공동체와 함께할 수 있어서 더 빛날 수 있었다. 푸드표현예술 경험을 통해 모두가 마음의 보석을 찾기를 소망해 본다.

오늘 나에게 푸드표현예술은 '무의식의 본성 빛'이다.

-이영옥-

여러 가지 일들로 분주한 일상이었다. 휴일을 이용해 진행된 학습 과정이라 참여가 쉽지 않았다. 지금 돌이켜보니 '그래도 참여하기를 참 잘했다.'라는 생각이 든다.

푸드로 마음을 표현한다는 것이 쉽지 않았다. 마음이 끌리는 대로 재료를 선택했다. 재료를 자르고, 오리고, 찢기도 하면서 접시 위에 놓으면 하나의 작품이 만들어졌다. 지금, 이 순간 내 마음을 표현한 것이었다. 이를 통해 자신을 챙기지 못하고 지냈던 삶 속에서 오롯이 나를 만나며 알아 가게 됐다. 가슴에 담아 둔 이야기를 나누는 시간은 매우 의미 있었다. 그리고 아이들처럼 웃고 놀이처럼 즐겼던 시간은 나에게 힐링되는 시간이었다.

오늘 나에게 푸드표현예술은 '힐링'이다.

-조경애-

지난 시간을 돌이켜 보면 어둡고 침울했다. 코로나19의 침공은 우리의 삶을 망가뜨렸다. 일상을 누리던 평범한 행복과 웃음마저 앗아갔다. 현재도 진행형인 이러한 환경은 언제 좋아질지 모르겠다. 마음이 지치고 삶이 힘들다고 하는 사람들이 많아졌다. 이들은 나를 비롯한 우리 가족이자 이웃들이다. 에너지가 소진되어 갈 즈음 뭔가 삶에 의욕의 불을 지피고 싶었다. 이때 '푸드'를 만났다. 예상하지 못한 긍정의 힘을 발견했다. 이를 놓칠세라 긍정에너지를 가득 충전했다.

세계 보건기구(WHO) 헌장에 '건강이란 질병이 없거나 허약하지 않은 것만 말하는 것이 아니라 신체적 · 정신적 · 사회적으로 완전히 안녕한 상태에 놓여 있은 것'이라고 정의하고 있다. 건강은 마음으로부터 비롯된다. 건강은 행복의 조건 중 하나이며, 건강하지 않고서는 행복할 수가 없다. 이러한 행복은 유전적인 것도 있겠지만 만들어진다고 한다.

소냐 류보머스키는 『How To Be Happy』라는 책에서 행복을 결정짓는 요소에 대해 유전적인 영향 50%, 의도적 활동 40%, 환경적 영향 10%라는 이론을 발표했다. 그녀는 '행복을 얻기 위해서는 노력해야 하며, 자신의 환경을 변화시켜야 얻을 수 있다.'라고 했다.

푸드로 표현하는 시간은 분명 노력의 시간이었다. 코로나19 팬데믹 상황에서도 스트레스가 해소되는 즐거움이 한 수레다. 푸드를 바라보는 관점의 변화가 생겼다. 나의 대표강점이 무엇인지를 알며, 꿈 너머 꿈을 꾸는 성장의 기회도 맛보았다.

행복이 만개할 플로리시한 삶을 향해 한걸음 내디디며, 모두가 행복하기를 바라며 이 글을 마친다.

저자 소개

▎임미정(별칭: 양파)
슬기어린이집 원장/교육학박사/왕초보 글쓰기 코치/응급처치강사/푸드표현상담사
〈내 아이랑 뭐하고 놀지?〉, 〈아가야 응가하자!〉, 〈초보 작가 글감옥 탈출기〉 외 공저 3권
seulgi5547@hanmail.net

▎김경화(별칭: 축복의 통로)
해솔어린이집 원장/응급처치강사/푸드표현상담사/아동학전공/가족청소년상담학과 재학 중
haesor@naver.com

▎김옥남(별칭: 꿈꾸는 자)
푸드 사업가 동촌댁 대표/응급처치강사/푸드표현상담사/가족청소년상담학과 재학 중
yegi1210@naver.com

▎김지윤(별칭: 캔디)
메트로아이꽃뜰어린이집 원장/응급처치강사/푸드표현상담사/유아교육학 석사/박사과정 재학 중
haeng0315@hanmail.net

▎박설희(별칭: 설레임)
창원시립딩동댕어린이집원장/응급처치강사/푸드표현상담사/유아교육학 석사/박사과정 재학 중
ddf2445@naver.com

▎신시옥(별칭: 오기)
푸른초장어린이집 원장/응급처치강사/푸드표현상담사/교육학 석사
sso6363@hanmail,net

▎심재영(별칭: 조이)
어린이집 교사/푸드표현상담사/가족청소년상담학과 재학 중
dpqo7758@naver.com

▎이영옥(별칭: 루리)
가현재가복지센터장/응급처치강사/푸드표현상담사/사회복지학 석사/교육학 석사
lyo2424@hanmail.net

▎조경애(별칭: 댕댕이)
좋은어린이집원장/안전교육강사/푸드표현상담사
joeun4466@naver.com

행복너머의 **플로리시**

1판 1쇄 인쇄 — 2021년 11월 23일
1판 1쇄 발행 — 2021년 11월 25일

저　　자 - 임미정 김경화 김옥남 김지윤 박설희
신시옥 심재영 이영옥 조경애
발 행 인 - 강철원
발 행 처 - 양성원
주　　소 - 경기도 파주시 검산로 173번길 29-20
전　　화 - 031-946-3861(代)
팩　　스 - 031-946-3864
이 메 일 - tnwpub@naver.com
홈페이지 - tnwpub.co.kr
출판등록 - 2015년 8월 31일 제 2015-000211 호

ISBN 979-11-6126-401-1

정가 18,000원